guide de conversation
et dictionnaire

ITALIEN

LAROUSSE DE POCHE
voyages

INTRODUCTION

Votre guide de conversation Larousse de Poche *Voyages* est un ouvrage pratique et facile à consulter qui vous aidera tout au long de votre séjour à l'étranger. Sa mise en pages claire et son organisation alphabétique vous permettront d'accéder rapidement à l'information recherchée, qu'il s'agisse de vous faire comprendre par un mot ou une phrase, ou de déchiffrer un écriteau ou un menu.

Le guide comprend deux grandes parties :

- 70 thèmes pratiques présentés dans l'ordre alphabétique tels que **ACHATS**, **ENFANTS**, **SERVICE D'ÉTAGE**, **RESTAURANT** ou **TAXIS**. Sous chaque thème vous trouverez les phrases indispensables pour communiquer en Italie, ainsi qu'une prononciation conçue pour être accessible à chacun, quel que soit son niveau de connaissance de l'italien. Vous remarquerez également sous de nombreux thèmes la présence d'une rubrique intitulée 'Mémo' qui rassemble des informations et/ou des conseils pratiques, une aide précieuse avant votre départ comme durant votre voyage.
Si vous avez trouvé la phrase dont vous avez besoin mais qu'il vous manque un mot, reportez-vous au dernier thème, c'est le **VOCABULAIRE** : plus de 1800 mots – avec leur équivalent en italien – sont là pour répondre aux besoins spécifiques du voyageur.

- Un lexique italien-français de 4000 mots. Grâce à lui, les panneaux de signalisation, pancartes, menus de restaurant et autres obstacles apparemment infranchissables, mais fréquents, ne seront plus qu'un jeu d'enfant pour vous. En bref, ce mini-dictionnaire vous fera apprécier pleinement la cuisine locale, gagner du temps si vous cherchez votre chemin, et d'une manière générale, vous aidera en toutes circonstances.

Préparez-vous dès maintenant en jetant un œil sur la **GRAMMAIRE**, l'**ALPHABET** et la **PRONONCIATION** (voir la **LISTE DES THÈMES** page suivante).

Buon viaggio!

LISTE DES THÈMES

Mémo

Ayez toujours sur vous une pièce d'identité et renseignez-vous auprès de la Sécurité sociale et de votre mutuelle avant de partir afin d'avoir avec vous tous les formulaires nécessaires à d'éventuels remboursements.

Il y a eu un accident	**C'è stato un incidente** *tchè **sta**to oun inntchi**denn**té*
Appelez une ambulance/un médecin	**Chiamate un'ambulanza/un medico** *quia**ma**té oun ammbou**lann**tsa/oun **mè**dico*
Je me suis fait mal	**Mi sono fatto male** *mi **so**no **fat**to ma**lé***
Elle s'est fait mal	**Si è fatta male** *si è **fat**ta ma**lé***
Elle est gravement blessée/Elle saigne	**È ferita gravemente/Perde sangue** *è fé**Ri**ta gRavé**menn**té/**péR**dé **sann**goué*
Elle ne peut pas respirer/bouger	**Non può respirare/muoversi** *nonn pou**o** Réspi**Ra**Ré/mouo**véR**si*
Je ne peux pas bouger mon bras/ma jambe	**Non posso muovere il braccio/la gamba** *nonn **pos**so mouo**vé**Ré il **bRat**tcho/la **gamm**ba*
Couvrez-la	**Copritela** *cop**Ri**téla*
Ne le bougez pas	**Non muovetelo** *nonn mouo**vé**télo*
Il s'est coupé/Il s'est cassé le bras	**Si è tagliato/Si è rotto il braccio** *si è ta**lyia**to/si è **Rot**to il **bRat**tcho*

Voir aussi **URGENCES**

Mémo

L'assurance au tiers est obligatoire. Il est préférable d'obtenir avant votre départ la carte internationale d'assurance (carte verte) auprès de votre assureur. Si vous êtes en infraction, la police peut exiger le paiement immédiat des amendes.

Il y a eu un accident	**C'è stato un incidente** *tchè sta to oun inntchidennté*
J'ai eu un accident avec ma voiture	**Ho avuto un incidente con la macchina** *o avouto oun inntchidennté conn la macquina*
Puis-je voir votre carte d'assurance, s'il vous plaît?	**Posso vedere la sua assicurazione, per favore?** *posso védéRé la soua assicouRatsioné péR favoRé*
Il va falloir prévenir la police	**Dovremo comunicarlo alla polizia** *dovRémo comounicaRlo alla politsia*
C'est lui qui m'a heurté	**Lui mi è venuto contro** *loui mi è vénouto conntRo*
C'est moi qui l'ai heurté	**Io gli sono andato contro** *io lyi sono anndato conntRo*
Elle roulait trop vite	**Guidava troppo forte** *gouidava tRoppo foRté*
Il n'a pas respecté la priorité	**Non ha dato la precedenza** *nonn a dato la pRétchédenntsa*
Le numéro d'immatriculation était…	**La targa era…** *la taRga èRa…*

Mémo

Vendez-vous des cartes postales/du lait/ des timbres?
Vende cartoline/latte/francobolli?
venndé caRtoliné/latté/fRanncobolli

C'est combien?
Quanto costa?
couannto costa

Avez-vous quelque chose de plus petit/ de plus grand?
Avete qualcosa di più piccolo/di più grande?
avété coualcoza di piou piccolo/di piou gRanndé

Avez-vous du pain/ des allumettes?
Avete del pane/dei fiammiferi?
avété dél pané/déi fiammiféRi

Je voudrais un journal/des pommes
Vorrei un giornale/delle mele
voRRéï oun djoRnalé/déllé mélé

Je voudrais voir celui qui est en vitrine
Vorrei vedere quello in vetrina
voRRéï védéRé couéllo inn vétRina

Je prends celui-ci/ celui-là
Prendo questo/quello
pRenndo couésto/couéllo

Pouvez-vous me l'envelopper s'il vous plaît?
Può incartarlo per favore?
pouo inncaRtaRlo péR favoRé

Je préfère celui-ci
Preferisco questo
pRéféRisco couésto

Voir aussi **COURSES, PAYER**

Où a lieu l'enregistre-
ment pour le vol de
Paris?

Dov'è il check-in del volo per Parigi?
dovè il chèquinn dèl volo pèR paRidji

À quelle porte
d'embarquement
dois-je me rendre?

A quale uscita devo andare?
a coualé ouchita dévo anndaRé

Je voudrais une place
côté couloir/côté
fenêtre

**Vorrei un posto centrale/vicino al
finestrino**
*voRRéï oun posto tchenntRalé/vitchino al
finéstRino*

Est-ce qu'on sert un
repas dans l'avion?

Daranno da mangiare sull'aereo?
daRanno da manndjaRé soul aèRéo

Où est le bar/la
boutique hors taxes?

Dov'è il bar/il duty free?
dovè il baR/il diouti fRi

Où puis-je changer
de l'argent?

Dove posso cambiare i soldi?
dové posso cammbiaRé i soldi

Où puis-je prendre
le bus pour aller en
ville?

**Dove posso prendere l'autobus per la
città?**
*dové posso pRenndéRé laoutobous péR la
tchitta*

Où sont les taxis/les
téléphones?

Dove sono i taxi/i telefoni?
dové sono i tacsi/i téléfoni

Je voudrais louer
une voiture/réserver
une chambre d'hôtel

**Vorrei noleggiare una macchina/
prenotare una stanza in albergo**
*voRRéï noléddjaRé ouna maquina/pRénotaRé
ouna stanntsa inn albèRgo*

On doit venir me
chercher

Mi stanno aspettando
mi stanno aspétanndo

Mémo

En général, les bureaux sont ouverts de 8h30 à 12h30 et de 15h30 à 19h30 du lundi au vendredi. Les administrations ne sont ouvertes au public que le matin, de 8h30 à 14h00, du lundi au samedi.

J'ai rendez-vous avec Monsieur Simone	**Ho un appuntamento con il Signor Simone** *o oun appunta**menn**to conn il si**gno**R sim**o**né*
Il m'attend	**Mi sta aspettando** *mi sta aspé**tann**do*
Puis-je laisser un message à sa secrétaire?	**Posso lasciare un messaggio alla sua segretaria?** *po**ss**o la**cha**Ré oun mé**ss**a**dd**jo **all**a **sou**a ségRé**ta**Ria*
Je suis libre demain matin/pour déjeuner	**Sono libero domani mattina/per pranzo** *so**no** li**bé**Ro do**ma**ni ma**tt**ina/péR p**Rann**tso*
Puis-je envoyer un fax/un télex d'ici?	**Posso mandare un fax/un telex da qui?** *po**ss**o mann**da**Ré oun facs/oun té**lè**x da coui*
Où puis-je faire faire des photocopies?	**Dove posso far fare delle fotocopie?** *do**vé** **po**s**so** fa**R** **fa**Ré **déll**é foto**co**pié*
Je voudrais envoyer ceci par coursier	**Vorrei spedire questo tramite corriere** *vo**RRéï** spé**di**Ré cou**és**to t**Ra**mité co**RRi**é**Ré*
Avez-vous un catalogue/de la documentation?	**Avete un catalogo/del materiale informativo?** *a**vé**té oun ca**ta**logo/dél maté**Ri**alé inn**fo**Rma**ti**vo*

Quel est la meilleure façon de se rendre à... ?	**Qual'è il modo migliore per andare a... ?** *coualè il modo milyioRé péR anndaRé a...*
Combien coûte un billet d'avion pour... ?	**Quanto costa andare in aereo a... ?** *couannto costa anndaRé inn aèRéo a...*
Y a-t-il des tarifs spéciaux?	**Ci sono delle tariffe speciali?** *tchi sono déllé taRiffé spétchali*
Quels sont les horaires des trains/ des vols?	**A che ora ci sono i treni/i voli?** *a qué oRa tchi sono i tRèni/i voli*
Puis-je acheter les billets ici?	**Posso comprare qui i biglietti?** *posso commpRaRé coui i bilyiétti*
Puis-je changer ma réservation?	**Posso cambiare la mia prenotazione?** *posso cammbiaRé la mia pRénotatsioné*
Pouvez-vous me réserver une place sur le vol pour Paris?	**Può prenotarmi un posto sul volo di Parigi?** *pouo pRénotaRmi oun posto soul volo di paRidji*
Je voudrais rentrer à Lyon ce soir	**Vorrei ritornare a Lione stasera** *voRRéï RitoRnaRé a lioné staséRa*
Deux billets aller et retour en deuxième classe pour... , s'il vous plaît	**Due biglietti di andata e ritorno, seconda classe per... , per favore** *doué bilyiétti di anndata é RitoRno séconnda classé péR... péR favoRé*
Pouvez-vous me réserver une chambre à l'hôtel?	**Può prenotarmi un posto in albergo?** *pouo pRénotaRmi oun posto inn albèRgo*

L'alphabet italien est semblable à l'alphabet français mais les lettres J, K, W, X et Y ne se trouvent que dans les mots étrangers. Nous avons indiqué la prononciation de chaque lettre ainsi que le mot conventionnel que vous pouvez utiliser si vous souhaitez, par exemple, épeler votre nom.

A *a*	**come** *co**mé***	**Ancona** *ann**co**na*	**N** * èné*	**come** *co**mé***	**Napoli** ***na**poli*
B *bi*	comme	**Bari** ***ba**Ri*	**O** *o*	comme	**Otranto** *ot**Rann**to*
C *tchi*		**Catania** *ca**t**ania*	**P** *pi*		**Palermo** *pa**lèR**mo*
D *di*		**Domodossola** *domo**do**ssola*	**Q** *cou*		**Quarto** *cou**R**to*
E *é*		**Empoli** ***emm**poli*	**R** *èRRé*		**Roma** ***R**oma*
F *èffé*		**Firenze** *fi**Renn**zé*	**S** *èssé*		**Savona** *savona*
G *dji*		**Genova** ***dji**ènova*	**T** *ti*		**Torino** *to**Ri**no*
H *acca*		**Hotel** *o**tèl***	**U** *ou*		**Udine** ***ou**diné*
I *i*		**Imperia** *imm**pé**Ria*	**V** *vou*		**Venezia** *vé**né**tsia*
J *i loungo*			**W** *vou doppio*		
K *kappa*			**X** *ics*		
L *èllé*		**Livorno** *livo**R**no*	**Y** ***ip**silonn*		
M *èmmé*		**Milano** *mi**la**no*	**Z** *dzéta*		

Mémo

La devise italienne est la lira (au pluriel, lire). Les banques sont ouvertes de 8h30 à 13h30 du lundi au vendredi. Certaines sont également ouvertes de 15h00 à 16h00. La plupart des hôtels acceptent d'encaisser les chèques de voyage et vous pouvez toujours changer de l'argent dans les bureaux de change – cambio – qui se trouvent dans les aéroports et dans les gares. Si vous changez de l'argent dans un bureau privé, vérifiez toujours le montant de la commission. Ayez toujours une pièce d'identité sur vous; elle vous sera réclamée pour toute opération de change.

Je n'ai pas assez d'argent	**Non ho abbastanza soldi** *nonn o abba**stann**tsa **sol**di*
Avez-vous la monnaie de 50 000 lires?	**Può cambiare un biglietto da 50.000 lire?** *pou**o** cammbia**Ré** oun bil**yié**tto da tchinncou**ann**ta **mi**la **li**Ré*
Je voudrais changer ces chèques de voyage	**Vorrei cambiare questi traveller's cheques** *vo**RRéï** cammbia**Ré** cou**é**sti **tRav**lè**Rz** chèque*
Je voudrais changer ces francs en lires	**Vorrei cambiare questi franchi in lire** *vo**RRéï** cammbia**Ré** cou**é**sti **fRann**qui inn **li**Ré*
Quel est le cours du franc?	**Qual'è il cambio per il franco?** *coua**lè** il **camm**bio pé**R** il **fRann**co*
Puis-je obtenir du liquide avec ma carte de crédit?	**Posso avere un anticipo con la mia carta di credito?** ***pos**so avé**Ré** oun annti**t**chipo conn la **mi**a **ca**R**ta di c**Ré**dito*
Comment puis-je me faire rembourser?	**Come si fa per essere rimborsato?** ***co**mé si fa pé**R** é**s**sé**Ré** Rimmbo**R**sato*

Mémo

Dans la plupart des gares vous pouvez laisser vos bagages à la consigne – deposito bagagli – pour une somme modique. Les bagages peuvent également être expédiés en bagages non accompagnés depuis les principales gares italiennes vers les principales villes européennes et vice versa. Renseignez-vous sur place.

Où puis-je faire enregistrer mes bagages?	**Dove posso consegnare i bagagli?** *dové posso connségnaRé i bagalyi*
Où sont les bagages du vol/du train en provenance de Paris?	**Dove sono i bagagli del volo/treno da Parigi?** *dové sono i bagalyi dél volo/tRèno da paRidji*
Nos bagages ne sont pas arrivés	**I nostri bagagli non sono arrivati** *i nostRi bagalyi nonn sono aRRivati*
Ma valise a été abîmée pendant le voyage	**La mia valigia è stata danneggiata durante il viaggio** *la mia validja è stata dannéddjata douRannté il viaddjo*
Où est la consigne?	**Dov'è il deposito bagagli?** *dovè il déposito bagalyi*
Y a-t-il des chariots à bagages?	**Ci sono dei carrelli per i bagagli?** *tchi sono déï caRRélli péR i bagalyi*
Pouvez-vous m'aider à porter mes valises, s'il vous plaît	**Può aiutarmi a portare le valigie, per favore?** *pouo ayoutaRmi a poRtaRé lé validjé péR favoRé*
Veuillez porter mes valises jusqu'à un taxi, s'il vous plaît	**Per favore, porti le mie valigie al taxi** *péR favoRé poRti lé mié validjé al tacsi*

BOISSONS

Mémo

Dans les bars et dans les cafés, il faut souvent prendre un ticket – uno scontrino – à la caisse – la cassa – avant de pouvoir commander.

Un café,
s'il vous plaît!

Un caffè, per favore!
oun caffè péR favoRé

Un cappuccino,
s'il vous plaît!

Un cappuccino, per favore!
oun cappoutchino péR favoRé

Deux cafés

Due caffè
doué caffè

Un thé pour deux

Un tè per due
oun tè péR doué

Un verre de
limonade

Un bicchiere di limonata
oun bicquiéRé di limonata

Avec des glaçons,
s'il vous plaît

Con ghiaccio per favore
conn guiattcho péR favoRé

Une bouteille d'eau
minérale

Una bottiglia di acqua minerale
ouna bottilyia di accoua minéRalé

Avez-vous… ?

Avete… ?
avété…

Une bière pression

Una birra alla spina
ouna biRRa alla spina

Mémo

*Vous pouvez aussi acheter des timbres dans les bureaux de tabac –
tabaccherie. Les bureaux de poste sont signalés par une enseigne
ronde et jaune avec les lettres PT inscrites dessus. On ne peut
généralement pas téléphoner depuis les bureaux de poste.*

Quel est le tarif
des lettres pour la
France/le Canada/
la Belgique?

**Quanto costa un francobollo per la
Francia/il Canada/il Belgio?**
*couan*nto *cos*ta oun *fRann*co*bol*lo péR la
*fRann*tcha/il *ca*nada/il **bèl**djo

Je voudrais six
timbres pour des
cartes postales pour
la France

**Vorrei sei francobolli per cartoline per
la Francia**
*vo**RRéï** séï fRann*co*bol*li péR ca*Rto*liné péR la
*fRann*tcha

Douze timbres à 500
lires, s'il vous plaît!

**Dodici francobolli da 500 lire,
per favore**
*do*ditchi fRann*co**bol**li da tchinncoué**tchenn**to
*li*Ré péR fa**vo**Re

Je voudrais envoyer
un télégramme à...

Vorrei mandare un telegramma a...
*vo**RRéï** mann*da*Ré oun télé*g**Ramm**a a...

Combien cela
va-t-il coûter?

Quanto potrà costare?
*couan*nto po*t**Ra** cos*ta*Ré

Je voudrais envoyer
ce colis

Vorrei spedire questo pacco
*vo*R*Réï* spé*di*Ré cou*és*to **pac**co

Je voudrais
téléphoner

Vorrei fare una telefonata
*vo**RRéï** fa*Ré ouna télé*fo*nata

Dois-je remplir un
formulaire?

C'è bisogno di compilare una scheda?
*tchè bi**zo**gno di commpi*la*Ré ouna **squé**da

Mémo

*Les Italiens désignent indifféremment car et bus soit par le mot pullman (**poul**mann) soit par le mot autobus.*

Y a-t-il un bus pour… ?
C'è un autobus per… ?
*tchè oun **aou**tobous péR…*

Quel est le bus qui va à… ?
Quale autobus va a… ?
*coualé **aou**tobous va a…*

Où puis-je prendre le bus pour… ?
Dove posso prendere l'autobus per… ?
dové posso pRenndéRé laoutobous péR…

À quelle heure partent les bus pour… ?
Quando partono gli autobus per… ?
*couanndo paRtono lyi **aou**tobous péR…*

Est-ce que ce bus va à… ?
Quest'autobus va a… ?
couéstaoutobous va a…

Où dois-je descendre?
Dove devo scendere?
dové dévo chenndéRé

Y a-t-il des toilettes dans le car?
C'è una toilette sull'autobus?
tchè ouna toualette soullaoutobous

À quelle heure le car part-il/arrive-t-il?
A che ora parte/arriva l'autobus?
a qué oRa paRté/aRRiva laoutobous

Pouvez-vous me dire quand je dois descendre?
Mi può dire quando devo scendere?
mi pouo diRé couanndo dévo chenndéRé

Laissez-moi descendre ici, s'il vous plaît
Mi faccia scendere qui, per favore
mi fattcha chenndéRé coui péR favoRé

Voir aussi **TRANSPORTS URBAINS**

Où pouvons-nous acheter des souvenirs de la cathédrale?	**Dove possiamo comprare souvenir del duomo?** *dové possiamo commpRaRé souveniR del douomo*
Où se trouve le magasin de cadeaux le plus proche?	**Dov'è il negozio di articoli da regalo più vicino?** *dovè il nègotsio di aRticoli da Régalo piou vitchino*
Je voudrais acheter un cadeau pour mon mari/ma femme	**Vorrei comprare un regalo per mio marito/mia moglie** *voRRéï commpRaRé oun Régalo péR mio maRito/mia molyié*
Quelles sont les spécialités locales/régionales?	**Quali sono le specialità locali/regionali?** *couali sono lé spétchalita locali/Rédjonali*
Est-ce fait main?	**È fatto a mano?** *è fatto a mano*
Avez-vous quelque chose qui conviendrait à un jeune enfant?	**Avete qualcosa che vada bene per un bambino piccolo?** *avété coualcoza qué vada béné péR oun bammbino piccolo*
Je voudrais quelque chose de moins cher/de plus cher	**Vorrei qualcosa (di) più economico/costoso** *voRRéï coualcoza (di) piou économico/costozo*
Ce fromage/ce vin supportera-t-il bien le voyage?	**Questo formaggio/vino si conserverà bene in viaggio?** *couésto foRmaddjo/vino si connséRvéRa béné inn viaddjo*

Mémo

Nous cherchons un camping	**Stiamo cercando un campeggio** *stiamo tchèRcanndo oun cammpéddjo*
Est-ce qu'il vous reste de la place?	**Avete dei posti liberi?** *avété déï posti libéRi*
C'est combien pour une nuit?	**Quanto costa per notte?** *couannto costa pèR notté*
Nous voulons rester une nuit/une semaine	**Vogliamo restare per una notte/una settimana** *volyiamo RéstaRé péR ouna notté/ouna séttimana*
Pouvons-nous camper ici?	**Possiamo campeggiare qui?** *possiamo cammpéddjaRé coui*
Pouvons-nous installer notre caravane ici?	**Possiamo mettere qua la nostra roulotte?** *possiamo méttéRé coua la nostRa Roulotte*
Y a-t-il une boutique/un restaurant dans le camping?	**C'è uno spaccio/un ristorante nel campeggio?** *tchè ouno spattcho/oun RistoRannté nél cammpéddjo*
Où sont les sanitaires/Où y a-t-il de l'eau potable?	**Dov'è il bagno/l'acqua potabile?** *dovè il bagno/laccoua potabilé*

Mémo

Vous pouvez généralement obtenir des cartes et des plans gratuitement dans les hôtels et dans les syndicats d'initiative. Demandez una piantina (un plan des rues) ou una carta (une carte).

Où puis-je acheter une carte de la région?	**Dove posso comprare una carta della regione?** *do**vé** po**sso** com**pRa**Ré ouna **ca**Rta **dé**lla Réd**jo**né*
Avez-vous un plan de la ville?	**Avete una piantina della città?** *a**vé**té ouna pian**n**tina **dé**lla tchi**tt**a*
Je voudrais un plan de la ville	**Vorrei una piantina della città** *vo**RRéï** ouna pian**n**tina **dé**lla tchi**tt**a*
J'ai besoin d'une carte routière de…	**Ho bisogno di una carta stradale di…** *o bi**zo**gno di ouna **ca**Rta stRa**da**lé di…*
Puis-je trouver un plan de la ville au syndicat d'initiative?	**Posso prendere una cartina all'ufficio informazioni turistiche?** *po**sso** p**Renn**déRé ouna ca**R**tina allouf**fi**tcho inn**fo**Rmatsi**o**ni tou**Ris**tiqué*
Pouvez-vous me le montrer sur la carte, s'il vous plaît?	**Può mostrarmelo sulla cartina per favore?** *pou**o** most**Ra**Rmélo **sou**lla ca**R**tina péR fa**vo**Ré*
Avez-vous un guide touristique en français?	**Avete una guida in francese?** *a**vé**té ouna gou**i**da inn fRann**tché**zé*
Avez-vous un guide de la cathédrale?	**Avete una guida sulla cattedrale?** *a**vé**té ouna gou**i**da **sou**lla catté**dRa**lé*

Voir aussi **DIRECTIONS**

0	zero *dzéRo*	13	tredici *tRéditchi*	50	cinquanta *tchinncouannta*
1	uno, una *ouno, ouna*	14	quattordici *couatoRditchi*	60	sessanta *séssannta*
2	due *doué*	15	quindici *couinnditchi*	70	settanta *sétannta*
3	tre *tRé*	16	sedici *séditchi*	80	ottanta *ottannta*
4	quattro *couattRo*	17	diciassette *ditchiassétté*	90	novanta *novannta*
5	cinque *tchinncoué*	18	diciotto *ditchiotto*	100	cento *tchennto*
6	sei *séï*	19	diciannove *ditchianové*	110	cento dieci *tchennto diétchi*
7	sette *sètté*	20	venti *vénnti*	200	duecento *douétchennto*
8	otto *otto*	21	ventuno *vénntouno*	300	trecento *tRétchennto*
9	nove *nové*	22	ventidue *vénntidoué*	1000	mille *millé*
10	dieci *diétchi*	23	ventitré *vénntitRé*	2000	duemila *douémila*
11	undici *ounditchi*	30	trenta *tRennta*	1 000 000	un milione *oun milioné*
12	dodici *doditchi*	40	quaranta *couaRannta*		

1er	primo *pRimo*	5ème	quinto *couinnto*	9ème	nono *nono*
2ème	secondo *séconndo*	6ème	sesto *sèsto*	10ème	decimo *détchimo*
3ème	terzo *tèRtso*	7ème	settimo *sèttimo*		
4ème	quarto *couaRto*	8ème	ottavo *ottavo*		

Je voudrais prendre
un rendez-vous

Vorrei prendere un appuntamento
voRRéï pRenndéRé oun appountamennto

Je voudrais une
coupe avec brushing,
s'il vous plaît!

**Vorrei tagliare i capelli e fare la messa
in piega con il föhn, per favore**
*voRRéï talyiaRé i capélli é faRé la méssa inn
piéga conn il feunn péR favoRé*

Je voudrais une
mise en plis

Vorrei fare la messa in piega
voRRéï faRé la méssa inn piéga

Je voudrais une
coupe dégradée

Mi piacciono scalati
mi piattchono scalati

Pas trop court

Non troppo corti
nonn tRoppo coRti

Coupez plus sur le
dessus/sur les côtés

Tagli di più sopra/ai lati
talyi di piou sopRa/aï lati

J'ai une permanente

I miei capelli hanno la permanente
i miéï capélli anno la péRmanennté

J'ai les cheveux
colorés

I miei capelli sono tinti
i miéï capélli sono tinnti

J'ai les cheveux
bouclés/raides
naturellement

**I miei capelli sono mossi/dritti al
naturale**
*i miéï capélli sono mossi/dRitti al
natouRalé*

C'est trop chaud/
froid

È troppo caldo/freddo
è tRoppo caldo/fRéddo

Je voudrais un
après-shampooing,
s'il vous plaît

Vorrei un balsamo, per favore
voRRéï oun balsamo péR favoRé

Enchanté	**Piacere** *piatchéRé*
Bonjour	**Buon giorno** *bouonn djoRno*
Au revoir	**Arrivederci** *aRRivédéRtchi*
Parlez-vous français/ anglais?	**Parla francese/inglese?** *paRla fRanntchézé/innglézé*
Je ne parle pas italien	**Non parlo italiano** *nonn paRlo italiano*
Comment vous appelez-vous?	**Come si chiama?** *comé si quiama*
Je m'appelle…	**Mi chiamo…** *mi quiamo…*
Puis-je m'asseoir ici?	**Posso sedermi qui?** *posso sedèRmi coui*
Je suis français/ canadien/belge	**Sono francese/canadese/belga** *sono fRanntchézé/canadézé/bèlga*
Êtes-vous italien?	**Lei è italiano?** *lèï è italiano*
D'où venez-vous?	**Da dove viene?** *da dové viéné*
Voulez-vous un café/ quelque chose à boire?	**Gradisce un caffè/qualcosa da bere?** *gRadiché oun caffè/coualcoza da béRé*
Oui, merci/Non, merci	**Sì grazie/No grazie** *si gRatsié/no gRatsié*

Merci (beaucoup)	**(Molte) grazie** *(molté) gRatsié*
Il n'y a pas de quoi	**Prego** *pRègo*
Désolé	**Mi dispiace** *mi dispiatché*
Je suis ici en vacances	**Sono qui in vacanza** *sono coui inn vacanntsa*
C'est mon premier voyage en…	**Questo è il mio primo viaggio in…** *couésto è il mio pRimo viaddjo inn…*
Est-ce que ça vous dérange si je fume?	**Le dispiace se fumo?** *lé dispiatché sé foumo*
Désirez-vous boire quelque chose?	**Vuole qualcosa da bere?** *vouolé coualcoza da béRé*
Êtes-vous déjà allé en France?	**È mai stato in Francia?** *è maï stato inn fRanntcha*
Ça vous a plu?	**Le è piaciuto?** *lé è piatchouto*
De quelle région d'Italie venez-vous?	**Da quale parte dell'Italia viene?** *da coualé paRté dèllitalia viéné*

COORDONNÉES

Je m'appelle...

Mi chiamo...
mi quiamo...

Je suis né le...

Sono nato il...
sono nato il...

J'habite...

Il mio indirizzo è...
il mio inndiRittso è...

Je suis français/
canadien/belge

Sono francese/canadese/belga
sono fRanntchézé/canadézé/bèlga

J'habite à Paris/
en Provence

Abito a Parigi/in Provenza
abito a paRidji/inn pRovèntsa

Le numéro de mon
passeport/de mon
permis de conduire
est...

Il numero del mio passaporto/della mia patente è...
il nouméRo dél mio passapoRto/délla mia patennté è...

Mon groupe sanguin
est...

Il mio gruppo sanguigno è...
il mio gRouppo sanngouigno è...

Je travaille dans un
bureau/à l'usine

Lavoro in un ufficio/in un'industria
lavoRo inn oun ouffitcho/inn ouninndoustRia

Je suis secrétaire/
directeur

Sono una segretaria/un direttore
sono ouna ségRétaRia/oun diRéttoRé

Je suis ici en
vacances

Sono qui in vacanza
sono coui inn vacanntsa

Je suis ici pour
affaires

Sono qui per affari
sono coui péR affaRi

Ma fille/Mon fils
a six ans

Mia figlia/Mio figlio ha sei anni
mia filyia/mio filyio a sëï anni

Mémo

La plupart des magasins sont ouverts de 8h30 à 13h00 et de 16h00 à 19h30 du lundi au samedi. Il y a un jour de fermeture hebdomadaire variable selon les magasins. Cependant, les horaires peuvent varier selon les régions. Les marchés locaux sont souvent intéressants et il y en a un par semaine dans la plupart des villes.

Où se trouve le quartier commerçant?
Dove sono i negozi principali?
dové sono i négotsi pRinntchipali

Où sont les grands magasins?
Dove sono i grandi magazzini?
dové sono i gRanndi magaddzini

À quelle heure ferment les magasins?
A che ora chiudono i negozi?
a qué oRa quioudono i négotsi

Combien ça coûte?
Quanto costa quello?
couannto costa couéllo

C'est combien le kilo/ le mètre?
Quanto costa al chilo/al metro?
couannto costa al quilo/al mètRo

Puis-je l'essayer?
Posso provarlo?
posso pRovaRlo

Où se trouve le rayon alimentation?
Dov'è il reparto alimentari?
dovè il RépaRto alimenntaRi

Je cherche un cadeau pour ma femme
Sto cercando un regalo per mia moglie
sto tchèRcanndo oun Régalo péR mia molyié

Je regarde seulement
Sto guardando solamente
sto gouaRdanndo solamennté

Pourrais-je avoir un sac en plastique?
Potrei avere una busta di plastica?
potRéï avéRé ouna bousta di plastica

Voir aussi **ACHATS, PAYER**

DATE ET CALENDRIER

On est le combien aujourd'hui?	**Che giorno è oggi?**	\qué **djoRno** è **oddji**
C'est le…	**È il…**	è il…
1er mars	**primo marzo**	p**R**imo ma**R**tso
deux juin	**due giugno**	doué **djougno**
Nous arriverons le 29 août	**Arriveremo il 29 agosto**	a**RR**ivé**R**émo il **vennti-nové** agosto
1991	**millenovecento-novantuno**	millé-nové-tchennto-novanntouno
lundi	**lunedì**	louné**di**
mardi	**martedì**	ma**R**té**di**
mercredi	**mercoledì**	mé**R**colé**di**
jeudi	**giovedì**	djové**di**
vendredi	**venerdì**	véné**R**di
samedi	**sabato**	sabato
dimanche	**domenica**	do**ménica**
janvier	**gennaio**	djén**nayo**
février	**febbraio**	fé**bbRa**yo
mars	**marzo**	ma**R**tso
avril	**aprile**	ap**R**ilé
mai	**maggio**	ma**d**jio
juin	**giugno**	**djougno**
juillet	**luglio**	lou**ly**io
août	**agosto**	agosto
septembre	**settembre**	sé**ttemm**b**R**é
octobre	**ottobre**	ot**tob**Ré
novembre	**novembre**	nove**mm**bRé
décembre	**dicembre**	di**tchemm**bRé

Mémo

Je dois voir un dentiste (de toute urgence)

Devo farmi vedere dal dentista (urgentemente)
dévo faRmi védéRé dal denntista (ouRdjenntémennté)

J'ai mal aux dents

Ho mal di denti
o mal di dennti

Je me suis cassé une dent

Mi sono rotto un dente
mi sono Rotto oun dennté

J'ai un plombage qui est parti

Mi è uscita l'otturazione
mi è ouchita lottouRatsioné

Mes gencives saignent/me font mal

Mi esce sangue dalle gengive/Mi fanno male le gengive
mi èché sanngoué dallé djenndjivé/mi fanno malé lé djenndjivé

Faites-moi une piqûre, s'il vous plaît

Mi faccia un'iniezione per favore
mi fattcha ouninniétsioné péR favoRé

LE DENTISTE PEUT VOUS DIRE :

Devo fare un'estrazione
dévo faRé ounéstRatsioné

Je dois vous l'arracher

Le occorre un'otturazione
lé occoRRé ounottouRatsioné

Il faut faire un plombage

Questo Le potrà fare un po' male
couésto lé potRa faRé oun po malé

Ça risque de vous faire un peu mal

Mémo

Excusez-moi, où se trouve le bureau de poste le plus proche?

Scusi, dov'è l'ufficio postale più vicino?
scouzi dovè louffitcho postalé piou vitchino

Pour aller à l'aéroport?

Come faccio per andare all'aeroporto?
comé fattcho péR anndaRé allaèRopoRto

Pouvez-vous m'indiquer le chemin pour aller à… ?

Può indicarmi la strada per… ?
pouo inndicaRmi la stRada péR…

Est-ce bien le chemin de la cathédrale?

È questa la strada che va al duomo?
è couésta la stRada qué va al douomo

Je cherche le syndicat d'initiative

Sto cercando l'ufficio informazioni turistiche
sto tchèRcanndo louffitcho innfoRmatsioni touRistiqué

Combien de temps est-ce qu'on met pour y arriver?

Quanto tempo ci vuole per arrivarci?
couannto temmpo tchi vouolé péR aRRivaRtchi

Quelle route dois-je prendre pour aller à… ?

Quale strada devo prendere per… ?
coualé stRada dévo pRenndeRé péR…

Est-ce ici que je tourne pour aller à… ?

Devo girare qui per… ?
dévo djiRaRé coui péR…

Mémo

La plupart des films étrangers qui passent dans les salles italiennes sont doublés, aussi ne commettez pas l'erreur de croire qu'un film français sera en version originale avec des sous-titres italiens.

Pouvez-vous me recommander quelque chose pour les enfants?	**Può suggerire qualcosa per i bambini?** *pouo souddjéRiRé coualcoza péR i bammbini*
Qu'est-ce qu'il y a à faire le soir?	**Che cosa si può fare di sera?** *qué coza si pouo faRé di séRa*
Où y a-t-il un cinéma/un théâtre?	**Dov'è un cinema/teatro?** *dovè oun tchinéma/téatRo*
Où peut-on aller au concert?	**Dove si può andare per un concerto?** *dové si pouo anndaRé péR oun conntchèRto*
Est-ce que vous pouvez nous réserver les billets?	**Può prenotarci i biglietti?** *pouo pRénotaRtchi i bilyiétti*
Y a-t-il une piscine?	**C'è una piscina?** *tchè ouna pichina*
Y a-t-il des promenades intéressantes à faire?	**Ci sono delle belle passeggiate da fare?** *tchi sono déllé bèllé passéddjaté da faRé*
Où peut-on jouer au tennis/au golf?	**Dove si può giocare a tennis/a golf?** *dové si pouo djocaRé a tènnis/a golf*
Y a-t-il des fêtes locales?	**Ci sono delle feste locali?** *tchi sono déllé fèsté locali*

Voir aussi **SORTIR LE SOIR, TOURISME**

Je n'ai rien à déclarer

Non ho niente da dichiarare
nonn o niennté da diquiaRaRé

Je transporte la quantité permise d'alcool/de tabac

Ho la quantità consentita di alcool/ tabacco
o la couanntita connsenntita di alcol/tabacco

J'ai deux bouteilles de vin à déclarer

Ho due bottiglie di vino da dichiarare
o doué bottilyié di vino da diquiaRaRé

J'ai une bouteille d'alcool à déclarer

Ho una bottiglia di liquore da dichiarare
o ouna bottilyia di licouoRé da diquiaRaRé

Ma femme/Mon mari et moi sommes sur le même passeport

Io e mia moglie/mio marito siamo sullo stesso passaporto
io é mia molyié/mio maRito siamo soullo stésso passapoRto

Les enfants sont sur ce passeport

I bambini sono su questo passaporto
i bammbini sono sou couésto passapoRto

J'ai l'intention de rester dans ce pays pendant trois semaines

Resterò in questo paese per tre settimane
RèstéRo inn couésto paézé péR tRé séttimané

Nous sommes ici en vacances

Siamo qui in vacanza
siamo coui inn vacanntsa

Je suis venu pour affaires

Sono qui per affari
sono coui péR affaRi

Mémo

Les enfants sont toujours bien accueillis en Italie même dans les bars et dans les restaurants. Il y a de nombreuses réductions possibles sur les transports, dans les hôtels, etc. Renseignez-vous auprès du syndicat d'initiative local.

J'ai deux enfants
Ho due bambini
o doué bammbini

J'ai un petit bébé
Ho un bambino piccolo
o oun bammbino piccolo

Faites-vous des réductions pour les enfants?
Avete delle riduzioni per bambini?
avété déllé Ridoutsioni péR bammbini

Avez-vous des installations/des activités pour les enfants?
Avete dei servizi/Organizzate delle attività per bambini?
avété deï séRvitsi/oRganiddzaté déllé attivita péR bammbini

Avez-vous un berceau pour le bébé?
Avete un lettino per il bambino?
avété oun léttino péR il bammbino

Où puis-je allaiter/ changer mon bébé?
Dove posso allattare/cambiare il bambino?
dové posso allattaRé/cammbiaRé il bammbino

Où puis-je faire chauffer le biberon?
Dove posso riscaldare il biberon?
dové posso RiscaldaRé il bibéRonn

Est-ce qu'il y a une salle de jeu?
C'è una stanza giochi?
tchè ouna stanntsa djoqui

Est-ce qu'il y a une garderie?
C'è un servizio di baby-sitter?
tchè oun séRvitsio di bébi-sitèR

EXCURSIONS

Y a-t-il des excursions organisées?

Ci sono delle gite turistiche?
tchi sono déllé djité touRistiqué

À quelle heure part le bus pour la visite organisée de la ville?

Quando inizia il giro della città in autobus?
couanndo initsia il djiRo délla tchitta in aoutobous

Combien de temps dure l'excursion?

Quanto dura la gita?
couannto douRa la djita

Y a-t-il des promenades en bateau sur le fleuve/ le lac?

Ci sono delle gite in barca sul fiume/sul lago?
tchi sono déllé djité inn baRca soul fioumé/ soul lago

Y a-t-il des tarifs réduits pour les groupes?

C'è una riduzione per i gruppi?
tchè ouna Ridoutsioné péR i gRouppi

Y a-t-il des tarifs réduits pour les retraités?

C'è una riduzione per pensionati?
tchè ouna Ridoutsioné péR pennsionati

Y a-t-il des tarifs réduits pour les enfants?

C'è una riduzione per bambini?
tchè ouna Ridoutsioné péR bammbini

Où s'arrête-t-on pour le déjeuner?

Dove ci fermiamo per il pranzo?
dové tchi fèRmiamo péR il pRanntso

Y a-t-il des visites guidées de la cathédrale?

Ci sono delle visite guidate del duomo?
tchi sono déllé vizité gouidaté dél douomo

Y a-t-il un commentaire en français?

C'è un commento in francese?
tchè oun commennto inn fRanntchézé

Voir aussi **TOURISME**

À quelle heure part le prochain ferry?

Quando parte la prossima nave?
couanndo paRté la pRossima navé

Un aller et retour pour une voiture, deux adultes et deux enfants

Un biglietto di andata e ritorno per una macchina, due adulti e due bambini
oun bilyiétto di anndata é RitoRno péR ouna macquina doué adoulti é doué bammbini

Combien de temps dure la traversée?

Quanto dura la traversata?
couannto douRa la tRavèRsata

Y a-t-il des cabines?

Ci sono delle cabine?
tchi sono déllé cabiné

Y a-t-il des sièges inclinables?

Ci sono delle poltrone reclinabili?
tchi sono déllé poltRoné Réclinabili

Y a-t-il une salle de télévision?

C'è una sala TV?
tchè ouna sala tivou

Y a-t-il un bar?

C'è un bar?
tchè oun baR

Où sont les toilettes?

Dov'è la toilette?
dovè la toualette

Où est la boutique hors taxes?

Dov'è il duty free?
dovè il diouti fRi

Peut-on aller sur le pont?

Si può andare sul ponte?
si pouo anndaRé soul ponnté

Comment est la mer aujourd'hui?

Com'è il mare oggi?
comè il maRé oddji

Mémo

Les bureaux de tabac sont signalés par une enseigne blanche avec un T noir. On trouve la plupart des marques connues de cigarettes. 'Vietato Fumare' signifie 'Interdiction de fumer'.

Ça vous dérange si je fume?	**Le dispiace se fumo?** *lé dispiatché sé **fou**mo*
Puis-je avoir un cendrier?	**Posso avere un portacenere?** *posso avéRé oun poRtat**ché**néRé*
Est-ce un compartiment/une zone non fumeurs?	**Questo/Questa è uno scompartimento/ una zona per non fumatori?** *cou**é**sto/cou**é**sta è ouno scommpaRti**mennto**/ ouna **dzo**na péR nonn fouma**to**Ri*
Un paquet de… , s'il vous plaît	**Un pacchetto di… , per favore** *oun pac**qué**tto di… péR fa**vo**Ré*
Avez-vous des cigarettes américaines/ françaises?	**Avete delle sigarette americane/ francesi?** *avété **dél**lé sigaRétté améRi**ca**né/fRann**tché**zi*
Avez-vous des allumettes/des cure-pipes?	**Avete dei fiammiferi/degli scovolini?** *avété déï fiam**mi**féRi/**dé**lyi scovo**li**ni*
Je voudrais du tabac à pipe	**Vorrei del tabacco per la pipa** *vo**RRé**ï dél ta**bac**co péR la **pi**pa*
Avez-vous du feu?	**Ha da accendere?** *a da at**chenn**déRé*

Mémo

Les enfants de moins de 12 ans bénéficient d'une réduction de 50% et ceux de moins de 4 ans voyagent gratuitement. Quelques trains ont une voiture-bar mais, en général, vous pouvez acheter de quoi vous nourrir et vous rafraîchir sur les quais des grandes gares. Vous trouverez également dans les gares principales des alberghi diurni (à peu près équivalents à nos 'relais toilette') avec des toilettes, des salles de bain, des coiffeurs, des services de nettoyage, etc.

Quand part le prochain train pour… ?	**Quando parte il prossimo treno per… ?** *couanndo paRté il pRossimo tRèno péR…*
À quelle heure arrive-t-il?	**A che ora arriva?** *a qué oRa aRRiva*
Dois-je changer (de train)?	**Devo cambiare?** *dévo cammbiaRé*
Un aller et retour pour… , en première/deuxième classe	**Un biglietto di andata e ritorno per… prima/seconda classe** *oun bilyiétto di anndata é RitoRno péR… pRima/séconnda classé*
Quels sont les horaires des trains pour… ?	**A che ora ci sono i treni per… ?** *a qué oRa tchi sono i tRèni péR…*
Je voudrais réserver une couchette/un wagon-lit	**Vorrei prenotare una cuccetta/un posto sul vagone letto** *voRRéï pRénotaRé ouna couttchétta/oun posto soul vagoné létto*
De quel quai part le train pour… ?	**Da che binario parte il treno per… ?** *da qué binaRio paRté il tRèno péR…*

Voir aussi **BAGAGES, TRAIN**

Substantifs

En italien comme en français, les substantifs sont soit masculins soit féminins.

L'article défini (le/la/les)

m. sing.	**il**	*f. sing.*	**la**
	l' (devant voyelle)		**l'** (devant voyelle)
	lo (devant z, gn, pn, ps, x, s+consonne)		
m. pl.	**i**	*f. pl.*	**le**
	gli (devant voyelle, z, gn, pn, ps, x, s+consonne)		

L'article indéfini (un/une)

masc.	**un**	*fém.*	**una**
	uno (devant z, gn, pn, ps, x, s+consonne)		**un'** (devant voyelle)

Lorsque les articles sont précédés des prépositions **a** (à), **da** (de), **su** (sur), **di** (de) et **in** (dans, en), on fait la contraction :

a+il = al	da+il = dal	su+il = sul
a+lo = allo	da+lo = dallo	su+lo = sullo
a+l' = all'	da+l' = dall'	su+l' = sull'
a+la = alla	da+la = dalla	su+la = sulla
a+i = ai	da+i = dai	su+i = sui
a+gli = agli	da+gli = dagli	su+gli = sugli
a+le = alle	da+le = dalle	su+le = sulle

di+il = del	in+il = nel	
di+lo = dello	in+lo = nello	
di+l' = dell'	in+l' = nell'	
di+la = della	in+la = nella	
di+i = dei	in+i = nei	
di+gli = degli	in+gli = negli	
di+le = delle	in+le = nelle	

Par exemple : **alla casa** (à la maison)
sul tavolo (sur la table)

Substantifs : formation du pluriel

Dans la plupart des cas, c'est la fin du nom qui se modifie comme suit :

m. sing.	*m. pl.*	*exemples*
o	-i	**lib**r*o* – **lib**r*i*
e	-i	**pad**r*e* – **pad**r*i*
a	-i	**artist**a – **artist***i*

NOTE : La plupart des noms se terminant en **-co/-go** font leur pluriel en **-chi/-ghi**; les noms qui se terminent en **-ca/-ga** font leur pluriel en **-chi/-ghi**.

f. sing.	*f. pl.*	*exemples*
a	-e	**mel**a – **mel**e
e	-i	**mad**re – **mad**r*i*

NOTE : La plupart des noms se terminant en **-ca/-ga** font leur pluriel en **-che/-ghe**; la plupart des noms qui se terminent en **-cia/-gia** font leur pluriel en **-ce/-ge**.

Sont invariables, en particulier, les noms accentués sur la dernière syllabe (marquée par un accent) :

ex.   **la città** (la ville) – **le città** (les villes)
        il caffè (le café) – **i caffè** (les cafés)

Adjectifs

En général, la place des adjectifs est la même qu'en français.

ex.   **la mela rossa** (la pomme rouge)
        la prima pagina (la première page)

Les adjectifs s'accordent en genre et en nombre avec le nom; pour mettre un adjectif au féminin, on remplace la désinence **-o** par la désinence **-a**. Les adjectifs en **-e** peuvent être soit masculins soit féminins (ex : **giovane**). Le pluriel se forme comme celui des noms (voir ci-dessus).

Pronoms et adjectifs possessifs

Ils sont presque toujours précédés de l'article défini.

	+nom m. sing.	+nom f. sing.	+nom m. pl.	+nom f. pl.
mon/ma/mes	**il mio**	**la mia**	**i miei**	**le mie**
ton/ta/tes	**il tuo**	**la tua**	**i tuoi**	**le tue**
son/sa/ses				
votre/vos	**il suo**	**la sua**	**i suoi**	**le sue**
(politesse)				
notre/nos	**il nostro**	**la nostra**	**i nostri**	**le nostre**
votre/vos	**il vostro**	**la vostra**	**i vostri**	**le vostre**
leur/leurs	**il loro**	**la loro**	**i loro**	**le loro**

Pronoms personnels

Sujet			Complément d'objet direct		
je	**io**		me	**mi**	
tu	**tu**		te	**ti**	
il	**lui**		le	**lo/l'** (+voyelle)	
elle	**lei**		la	**la/l'** (+voyelle)	
vous *(politesse)*	**Lei**		vous	**La**	
nous	**noi**		nous	**ci**	
vous	**voi**		vous	**vi**	
ils/elles	**loro**		les *(m)*	**li**	
			les *(f)*	**le**	

Complément d'objet indirect			Avec prépositions		
me	**mi**		moi	**me**	
te	**ti**		toi	**te**	
lui *(m)*	**gli**		lui	**lui**	
lui *(f)*	**le**		elle	**lei**	
vous *(politesse)*	**Le**		vous	**Lei**	
nous	**ci**		nous	**noi**	
vous	**vi**		vous	**voi**	
leur	**gli/loro**		eux/elles	**loro**	

Notez bien :

1. Les pronoms sujets ne s'utilisent que très rarement. Ce sont les terminaisons verbales qui permettent de savoir quelle est la personne d'un verbe.

   ex.   **dormo** (je dors)
         dormiamo (nous dormons)

2. **Lei** est la forme de politesse utilisée lorsqu'on s'adresse à une seule personne. C'est un pronom de la troisième personne du singulier, aussi est-il suivi d'un verbe à la troisième personne du singulier. Si on s'adresse à plusieurs personnes, il faut utiliser **voi** et la deuxième personne du pluriel.

3. Les pronoms compléments d'objet indirect **mi, ti, ci, vi** deviennent **me, te, ce, ve** devant un deuxième pronom. **Gli** se combine avec **lo, la, li, le** en un mot **glielo, gliela, glieli, gliele**.

   ex.   **me lo dice** (il me le dit)
         glielo dice (il le lui dit)

4. La place des pronoms est la même qu'en français sauf à l'infinitif, où les pronoms compléments viennent se placer juste derrière le 'r' du verbe à l'infinitif, supprimant ainsi le 'e' final.

   ex.   **voglio farlo domani** (je veux le faire demain)

   Notez aussi que **loro** est toujours placé après le verbe :

   ex.   **scriverò loro** (je leur écrirai)

5. Il existe en italien deux pronoms adverbiaux : **ci** qui correspond au français 'y' et **ne** qui correspond au français 'en'.

   ex.   **ci vado ogni giorno**   (j'y vais tous les jours)
         ne ho cinque   (j'en ai cinq)

Verbes

Il existe trois grands groupes de verbes en italien. Les verbes en **-are**, les verbes en **-ere** et les verbes en **-ire**.

Au présent :

	parl*are* (parler)	**vend*ere*** (vendre)
(io)	parlo	vendo
(tu)	parli	vendi
(lui/lei)	parla	vende
(Lei)	parla	vende
(noi)	parliamo	vendiamo
(voi)	parlate	vendete
(loro)	parlano	vendono

	(1ère forme)	*(2ème forme)*
	dorm*ire* (dormir)	**fin*ire*** (finir)
(io)	dormo	finisco
(tu)	dormi	finisci
(lui/lei)	dorme	finisce
(Lei)	dorme	finisce
(noi)	dormiamo	finiamo
(voi)	dormite	finite
(loro)	dormono	finiscono

Au passé composé :

(io)	**ho parlato** (j'ai parlé)	**ho venduto** (j'ai vendu)
(tu)	**hai parlato**	**hai venduto**
(lui/lei)	**ha parlato**	**ha venduto**
(Lei)	**ha parlato**	**ha venduto**
(noi)	**abbiamo parlato**	**abbiamo venduto**
(voi)	**avete parlato**	**avete venduto**
(loro)	**hanno parlato**	**hanno venduto**

(io)	ho dormito	ho finito
(tu)	hai dormito	hai finito
(lui/lei)	ha dormito	ha finito
(Lei)	ha dormito	ha finito
(noi)	abbiamo dormito	abbiamo finito
(voi)	avete dormito	avete finito
(loro)	hanno dormito	hanno finito

Les verbes irréguliers sont très nombreux et il est impossible d'en donner ici une liste. Nous avons seulement sélectionné la conjugaison des deux verbes auxiliaires 'être' et 'avoir', ainsi que les verbes 'aller' et 'faire'.

	essere (être)	**avere** (avoir)
(io)	sono	ho
(tu)	sei	hai
(lui/lei)	è	ha
(Lei)	è	ha
(noi)	siamo	abbiamo
(voi)	siete	avete
(loro)	sono	hanno

	andare (aller)	**fare** (faire)
(io)	vado	faccio
(tu)	vai	fai
(lui/lei)	va	fa
(Lei)	va	fa
(noi)	andiamo	facciamo
(voi)	andate	fate
(loro)	vanno	fanno

Mémo

Les hôtels sont classés en cinq catégories (de une à cinq étoiles)
alors que les pensions de famille – pensioni – sont regroupées sous
trois catégories. Le prix inclut généralement 17% de service et
l'IVA *(la TVA).*

Je voudrais réserver une chambre simple/ double	**Vorrei prenotare una camera singola/ matrimoniale** *voRRéï pRénotaRé ouna caméRa sinngola/ matRimonialé*
Y a-t-il un restaurant/ un bar?	**C'è un ristorante/un bar?** *tchè oun RistoRannté/oun baR*
Je voudrais une chambre avec petit déjeuner/en pension complète	**Vorrei una camera con prima colazione/pensione completa** *voRRéï ouna caméRa conn pRima colatsioné/ pennsioné commpléta*
Quels sont vos prix par jour/par semaine?	**Quanto costa al giorno/alla settimana?** *couannto costa al djoRno/alla séttimana*
Je voudrais rester trois nuits/du… au…	**Vorrei restare per tre notti/dal… fino al…** *voRRéï RéstaRé péR tRé notti/dal… fino al…*
Nous arriverons à…	**Arriveremo alle…** (*voir* HEURE) *aRRivéRémo allé…*
Nous arriverons très tard	**Arriveremo molto tardi** *aRRivéRémo molto taRdi*
Voulez-vous une confirmation par lettre?	**Devo mandare una conferma scritta?** *dévo manndaRé ouna connféRma scRitta*

Voir aussi À L'HÔTEL, LOCATION – LOGEMENT, SERVICE D'ÉTAGE

Quelle heure est-il?	**Che ora è/Che ore sono?** *qué oRa è/qué oRé sono*
Il est…	**È/Sono…** *è/sono…*
8.00	**le otto** *lé otto*
8.05	**le otto e cinque** *lé otto é tchinncoué*
8.10	**le otto e dieci** *lé otto é diétchi*
8.15	**le otto e un quarto** *lé otto é oun couaRto*
8.20	**le otto e venti** *lé otto é vénnti*
8.25	**le otto e venticinque** *lé otto é vénntitchinncoué*
8.30	**le otto e mezza** *lé otto é mèddza*
8.35	**le nove meno venticinque** *lé nové méno vénntitchinncoué*
8.40	**le nove meno venti** *lé nové méno vénnti*
8.45	**le nove meno un quarto** *lé nové méno oun couaRto*
8.50	**le nove meno dieci** *lé nové méno diétchi*
8.55	**le nove meno cinque** *lé nové méno tchinncoué*
midi	**mezzogiorno** *mèddzodjoRno*
minuit	**mezzanotte** *mèddzanotté*

À quelle heure ouvrez-vous?	**A che ora apre?** *a qué oRa apRé*
À quelle heure fermez-vous?	**A che ora chiude?** *a qué oRa quioudé*
Avons-nous le temps de visiter la ville?	**Abbiamo tempo per visitare la città?** *abbiamo temmpo péR vizitaRé la chitta*
Combien de temps faut-il pour y aller?	**Quanto ci vorrà per arrivarci?** *couannto chi voRRa péR aRRivaRchi*
Nous pouvons être là dans une demi-heure	**Possiamo arrivarci in mezz'ora** *possiamo aRRivaRchi inn mèddzoRa*
Nous sommes arrivés en avance/en retard	**Siamo arrivati presto/tardi** *siamo aRRivati pRèsto/taRdi*
Nous devons être rentrés à l'hôtel avant ... heures	**Dobbiamo essere in albergo prima delle...** *dobbiamo èsséRé inn albèRgo pRima déllé...*
Le car part à quelle heure le matin?	**A che ora parte l'autobus alla mattina?** *a qué oRa paRté laoutobous alla mattina*
La table est réservée pour... heures ce soir	**Il tavolo è riservato per le... di questa sera** *il tavolo è RisèRvato péR lé... di couésta séRa*
Nous rentrerons très tard	**Torneremo molto tardi** *toRnéRémo molto taRdi*
Nous restons une semaine/jusqu'au...	**Resteremo per una settimana/fino al...** (*voir* DATE ET CALENDRIER) *RéstéRémo péR ouna séttimana/fino al...*

Voir aussi **CHIFFRES**

Mémo

À votre arrivée à l'hôtel, on vous demandera une pièce d'identité –
i documenti, per favore – afin de pouvoir enregistrer votre nom
auprès de la police.

J'ai réservé une chambre au nom de…	**Ho prenotato una stanza a nome di…** *o pRénotato ouna **stann**tsa a **no**mé di…*
J'ai confirmé la réservation par lettre/par téléphone	**Ho confermato la prenotazione con una lettera/telefonata** *o connféRmato la pRénotatsioné conn ouna **lét**téRa/téléfonata*
À quelle heure est le petit déjeuner/le dîner?	**A che ora è la colazione/la cena?** *a qué **o**Ra è la colatsioné/la **tché**na*
Est-ce qu'on peut avoir le petit déjeuner dans la chambre à…	**Ci può portare la colazione nella nostra stanza alle… ?** (*voir* HEURE) *tchi pouo poRtaRé la colatsioné **né**lla **no**stRa **stann**tsa **al**lé…*
Appelez-moi à… , s'il vous plaît	**Per favore, chiamatemi alle…** (*voir* HEURE) *péR fa**vo**Ré quia**ma**témi **al**lé…*
Puis-je avoir ma clé?	**Posso avere la mia chiave?** ***po**sso a**vé**Ré la **mi**a quiavé*
Avez-vous des messages pour moi?	**Avete qualche messaggio per me?** *a**vé**té coualqué **mé**s**sa**ddjo péR mé*
Je pars demain matin à…	**Partirò domani mattina alle…** (*voir* HEURE) *paRti**Ro** domani **mat**tina **al**lé…*

Mémo

Les autoroutes italiennes sont généralement excellentes mais sont souvent à péage – pedaggio. Les routes secondaires sont nettement moins bien entretenues et en hiver les chaînes sont souvent obligatoires sur les routes de montagne.

Y a-t-il une route qui évite les encombrements?	**C'è un'altra strada per evitare il traffico?** *tchè ou**nalt**Ra **stRa**da péR évita**Ré** il **tR**affico*
Y a-t-il beaucoup de circulation sur l'autoroute?	**C'è molto traffico sull'autostrada?** *tchè **mol**to **tR**affico soullaouto**stRa**da*
Pourquoi y a-t-il cet embouteillage?	**Perché c'è questo ingorgo?** *péR**qué** tchè cou**és**to inn**goR**go*
Quand la route sera-t-elle dégagée?	**Quando sarà libera la strada?** *cou**ann**do sa**Ra** li**bé**Ra la **stRa**da*
Y a-t-il une déviation?	**C'è una deviazione?** *tchè ouna dévia**tsi**oné*
La route qui mène à… , est-elle enneigée?	**La strada per… è bloccata dalla neve?** *la **stRa**da péR… è blo**cca**ta **dal**la **né**vé*
Le col est-il ouvert?	**È aperto il passo?** *è a**pèR**to il **pas**so*
Le tunnel est-il ouvert?	**È aperta la galleria?** *è a**pèR**ta la gallé**Ri**a*
Faut-il des chaînes/ des pneus cloutés?	**C'è bisogno di catene/gomme chiodate?** *tchè bi**zog**no di ca**té**né/**gom**mé quio**da**té*

Mémo

Comme en France, la plupart des Italiens prennent leurs congés au mois d'août, si bien que beaucoup d'endroits sont fermés à cette période. Le 15 août – Ferragosto – est l'un des jours fériés le plus suivi et de nombreuses villes offrent des fêtes et des feux d'artifice à cette occasion. La pancarte 'chiuso per ferie' signifie 'fermé pour cause de vacances'.

Jour de l'an	1er janvier	**Capodanno** *capodanno*
Lundi de Pâques		**Lunedì di Pasqua** *lounédi di pascoua*
Jour de la Libération	25 avril	**Il giorno della Liberazione** *il djoRno délla libéRatsioné*
Fête du Travail	1er mai	**Festa del Lavoro** *fésta dél lavoRo*
Assomption	15 août	**Assunzione/Ferragosto** *assountsioné/féRRagosto*
La Toussaint	1er novembre	**Ognissanti** *ognissannti*
L'Immaculée Conception	8 décembre	**L'Immacolata Concezione** *limmacolata conntchétsioné*
Noël	25 décembre	**Natale** *natalé*
St Étienne	26 décembre	**Santo Stefano** *sannto stéfano*

Nous avons réservé un appartement au nom de…

Abbiamo prenotato un appartamento a nome di…
abbiamo pRénotato oun appaRtamennto a nomé di…

Quelle est la clé de la porte d'entrée?

Qual'è la chiave della porta principale?
coualè la quiavé délla poRta pRinntchipalé

Où se trouve le compteur d'électricité?

Dov'è il contatore dell'elettricità?
dovè il conntatoRé délléléttRitchita

Comment la douche marche-t-elle?

Come funziona la doccia?
comé founntsiona la dottcha

Y a-t-il une femme de ménage?

C'è un'addetta alle pulizie?
tchè ounaddétta allé poulitsié

L'électricité est-elle comprise dans le prix de la location?

Nell'affitto è compresa la luce?
néllaffitto è commpRéza la loutché

Avez-vous des draps et des couvertures de rechange?

Ci sono altre lenzuola e coperte?
tchi sono altRé lenntsouola é copèRté

Un fusible a grillé

È fuso un fusibile
è fouzo oun fouzibilé

Où puis-je vous joindre?

Dove posso mettermi in contatto con Lei?
dové posso méttéRmi inn conntatto conn léï

Mémo

Vous pouvez louer une voiture dans la plupart des villes et des aéroports et dans les gares principales. Vous devez avoir au moins 21 ans et le permis depuis plus d'un an. Le prix comprend l'entretien, un service de dépannage et une assurance de base. L'essence et une assurance plus étendue sont en sus. Vérifiez bien les termes du contrat afin de savoir ce qu'il couvre exactement.

Je voudrais louer une voiture	**Vorrei noleggiare una macchina** *voRRéï noléddjaRé ouna macquina*
J'ai besoin d'une voiture avec chauffeur	**Mi occorre una macchina con autista** *mi occoRRé ouna macquina conn aoutista*
Je voudrais une grande/une petite voiture	**Vorrei una macchina grande/piccola** *voRRéï ouna macquina gRanndé/piccola*
Le kilométrage est-il en sus?	**Bisogna pagare secondo il chilometraggio?** *bizogna pagaRé séconndo il quilométRaddjo*
Combien coûte le supplément pour une assurance tous risques?	**Quant'è il supplemento per l'assicurazione che copre tutti i rischi?** *couanntè il soupplémennto péR lassicouRatsioné qué copRé toutti i Risqui*
Je voudrais laisser la voiture à Rome	**Vorrei lasciare la macchina a Roma** *voRRéï lachaRé la macquina a Roma*
Mon mari/Ma femme va aussi conduire	**Anche mio marito/mia moglie guiderà** *annqué mio maRito/mia molyié gouidéRa*
Comment est-ce qu'on fait marcher les commandes?	**Come funzionano i comandi?** *comé fountsionano i comanndi*

Mémo

Les traitements et les ordonnances sont délivrés aux Français sur les mêmes bases qu'aux Italiens. Renseignez-vous avant de partir auprès de la Sécurité sociale sur les formulaires nécessaires au remboursement des soins et des médicaments.

Pourrais-je avoir un rendez-vous avec le médecin?	**Potrei avere un appuntamento con il medico?** *po**tRéï** a**vé**Ré oun appounta**menn**to conn il **mè**dico*
Ma femme/Mon mari est malade	**Mia moglie/Mio marito sta male** *mi*a *mo*lyié/*mio* ma**Ri**to sta ma**lé**
J'ai mal à la gorge/J'ai des troubles digestifs	**Ho mal di gola/dei disturbi allo stomaco** *o **mal** di **go**la/**déï** di**stouR**bi allo stomaco*
Il a la diarrhée/mal aux oreilles	**Ha la diarrea/il mal d'orecchio** *a la diaR**Ré**a/il mal do**Ré**cquio*
Je suis constipé	**Sono stitico** *so*no **sti**tico
J'ai mal ici/dans la poitrine	**Ho un dolore qui/al petto** *o oun do**lo**Ré coui/al **pèt**to*
Elle a été piquée/mordue	**È stata punta/morsa** *è **sta**ta **pounn**ta/**moR**sa*
Elle ne peut pas respirer/marcher	**Non può respirare/camminare** *nonn pou**o** Réspi**Ra**Ré/cammina**Ré***
J'ai mal au cœur/ J'ai la tête qui tourne	**Ho la nausea/Ho il capogiro** *o la **naou**zéa/o il capo**dji**Ro*
Je ne peux pas dormir/avaler	**Non riesco a dormire/ad inghiottire** *nonn Ri**ès**co a doR**mi**Ré/ad innguiotti**Ré***

Elle a vomi	**Ha vomitato** *a vomitato*
Je suis diabétique	**Sono diabetico** *sono diabètico*
Je suis enceinte	**Sono incinta** *sono inntchinnta*
Je suis allergique à la pénicilline/ à la cortisone *coRtizoné*	**Sono allergico alla penicillina/ al cortisone** *sono allèRdjico alla pénitchillina/al*
J'ai de la tension	**Ho la pressione alta** *o la pRéssioné alta*
Mon groupe sanguin est A positif/O négatif	**Il mio gruppo sanguigno è A positivo/ O negativo** *il mio gRouppo sanngouigno è A pozitivo/ O négativo*

LE MÉDECIN PEUT VOUS DIRE :

Deve restare a letto
dévé RéstaRé a létto

Vous devez garder le lit

Deve andare in ospedale
dévé anndaRé inn ospédalé

Il faut que vous alliez à l'hôpital

Dovrà subire un intervento
dovRa soubiRé oun inntéRvennto

Il va falloir vous opérer

Prenda questo tre volte al giorno
pRennda couésto tRé volté al djoRno

Prenez ceci trois fois par jour

Les Italiens font en général trois repas par jour :

La (prima) colazione (petit déjeuner) est un repas très léger qui consiste en une tasse de café au lait (*caffelatte*) avec du pain, du beurre et de la confiture ou des cornetti qui ressemblent à nos croissants. Les gens s'arrêtent souvent dans un café pour prendre leur petit déjeuner en se rendant à leur travail.

Il pranzo, ou *la seconda colazione* (déjeuner), se prend entre midi et deux heures de l'après-midi. Pour beaucoup d'Italiens, c'est le repas principal de la journée, ce qui explique les longs horaires de fermeture des bureaux et des magasins à l'heure du déjeuner.

La cena (le dîner) est servie après 19h30.

Voici les plats principaux que vous pourrez commander au déjeuner comme au dîner :

Antipasti : hors-d'œuvre
Primi piatti : entrées
Secondi piatti : plats principaux
Contorni : légumes (en accompagnement)
Formaggi : fromages
Dolci : desserts
Frutta di stagione : fruits de saison
Caffè : café

Quelle est la spécialité de la maison?	**Qual'è la specialità della casa?** *coualè la spétchalita della caza*
Qu'est-ce que vous avez comme pâtes/ fruits de mer/légumes?	**Che tipo di pasta/frutti di mare/verdura avete?** *qué tipo di pasta/fRoutti di maRé/vèRdouRa avété*
Comment ce plat est-il servi?	**Come servite questo piatto?** *comé séRvité couésto piatto*

un demi-litre de…
un mezzo litro di…
oun méddzo litRo di…

un litre de…
un litro di…
oun litRo di…

un kilo de…
un chilo di…
oun quilo di…

une livre de…
un mezzo chilo di…
oun méddzo quilo di…

100 grammes de…
un etto di…
oun ètto di…

un demi-kilo de…
un mezzo chilo di…
oun méddzo quilo di…

1500 lires de…
1500 lire di…
milé tchinncoué tchennto liRé di…

une tranche de…
una fetta di…
ouna fètta di…

une part de…
una porzione di…
ouna poRtsioné di…

une douzaine de…
una dozzina di…
ouna doddzina di…

un tiers
un terzo
oun téRtso

deux tiers
due terzi
doué téRtsi

un quart
un quarto
oun couaRto

trois quarts
tre quarti
tRé couaRti

dix pour cent
il dieci per cento
il diétchi péR tchennto

plus de
più di
piou di

moins de
meno di
méno di

assez de
abbastanza
abbastanntsa

le double
il doppio
il doppio

trois fois
tre volte
tRé volté

C'est une belle journée	**È una bella giornata** *è ouna **bél**la djoRnata*
Quel temps épouvantable!	**Che tempo brutto!** *qué **temm**po bRoutto*
Il pleut	**Piove** *pio**vé***
Il neige	**Nevica** ***né**vica*
Il y a du vent/du soleil/du brouillard	**C'è vento/sole/nebbia** *tchè **vènn**to/**so**lé/**néb**bia*
Va-t-il faire froid ce soir?	**Farà freddo stasera?** *fa**Ra f**Rèddo sta**sé**Ra*
Va-t-il pleuvoir?	**Pioverà?** *piové**Ra***
Va-t-il neiger?	**Nevicherà?** *néviqué**Ra***
Va-t-il y avoir de l'orage?	**Ci sarà un temporale?** *tchi sa**Ra** oun temmpo**Ra**lé*
Va-t-il faire beau?	**Sarà una bella giornata?** *sa**Ra** ouna **bél**la djoRnata*
Le temps est ensoleillé	**C'è il sole** *tchè il **so**lé*
Quelle température fait-il?	**Quanti gradi ci sono?** *cou**ann**ti **g**Radi tchi **so**no*

Y a-t-il un service de blanchisserie?	**C'è un servizio di lavanderia?** *tchè oun séRvitsio di lavanndéRia*
Y a-t-il une laverie automatique près d'ici?	**C'è una lavanderia automatica qui vicino?** *tchè ouna lavanndéRia aoutomatica coui vitchino*
Y a-t-il un pressing près d'ici?	**C'è una lavanderia a secco qui vicino?** *tchè ouna lavanndéRia a sécco coui vitchino*
Où puis-je faire nettoyer/repasser cette jupe? *gonna*	**Dove posso far pulire/stirare questa gonna?** *dové posso faR pouliRé/stiRaRé couésta*
C'est une tache de café	**Questa è una macchia di caffè** *couésta è ouna macquia di cafè*
Pouvez-vous enlever cette tache?	**Può smacchiare questo?** *pouo smacquiaRé couésto*
Où puis-je faire un peu de lessive?	**Dove posso fare del bucato?** *dové posso faRé dél boucato*
J'ai besoin d'eau et de savon	**Mi occorrono acqua e sapone** *mi occoRRono accoua é saponé*
Où puis-je faire sécher mon linge?	**Dove posso far asciugare il mio bucato?** *dové posso faR achougaRé il mio boucato*
Ce tissu est très délicat	**Questa stoffa è molto delicata** *couésta stoffa è molto délicata*
Quand mes affaires seront-elles prêtes?	**Quando saranno pronte le mie cose?** *couanndo saRanno pRonnté lé mié cozé*

Mémo

Composez le 116 pour obtenir l'Automobile Club Italiano. Ils vous enverront un service de dépannage rapidement. Si vous avez des bons d'essence (voir STATION-SERVICE), certaines réparations peuvent être prises en charge gratuitement. Il est obligatoire d'avoir un triangle de sécurité que vous pouvez louer auprès de l'ACI.

Ma voiture est en panne	**La mia macchina si è rotta** *la mia macquina si è Rotta*
Les freins ne marchent pas bien	**C'è qualcosa che non va nei freni** *tchè coualcoza qué nonn va nëï fRéni*
Il y a un problème au niveau du système électrique	**C'è qualcosa che non va nell'impianto elettrico** *tchè coualcoza qué nonn va nèllimmpiannto élèttRico*
Je suis en panne d'essence	**Sono rimasto senza benzina** *sono Rimasto sennza benndzina*
Le moteur chauffe	**Il motore è surriscaldato** *il motoRé è souRRiscaldato*
Il y a une fuite dans le réservoir/le radiateur	**Il serbatoio/radiatore perde** *il sèRbatoïo/RadiatoRé pèRdé*
Pouvez-vous me remorquer jusqu'à un garage?	**Può trainarmi da un meccanico?** *pouo tRaïnaRmi da oun méccanico*
Pouvez-vous m'envoyer un mécanicien/une dépanneuse?	**Può mandare un meccanico/un carro attrezzi?** *pouo manndaRmé oun méccanico/oun caRRo attRetsi*

Mémo

Les cartes de crédit sont acceptées dans la plupart des hôtels, des restaurants, même les plus petits, et des magasins. Mais il arrive qu'elles ne soient pas acceptées dans les gares. Assurez-vous donc que vous avez assez d'argent liquide pour payer votre billet. Quant aux stations-service, elles ne les acceptent pas. Il faudra donc également que vous prévoyiez de payer votre essence en liquide. Ne soyez pas surpris si, en vous rendant la monnaie, on vous donne des jetons de téléphone ou même des bonbons pour la toute petite monnaie. C'est une pratique assez courante. Les jetons de téléphone – gettoni – valent 200 lires et peuvent être utilisés comme des pièces de 200 lires.

Pouvez-vous m'apporter l'addition, s'il vous plaît?	**Mi può portare il conto, per favore?** *mi pouo poRtaRé il **conn**to péR fa**vo**Ré*
Le service est-il compris?	**Il servizio è compreso?** *il séR**vi**tsio è commp**RÉ**zo*
La TVA est-elle comprise?	**L'IVA è compresa?** *l**i**va è commp**RÉ**za*
Ça fait combien en tout?	**Quanto fa in tutto?** *cou**ann**to fa inn **tout**to*
C'est combien?	**Quanto costa?** *cou**ann**to **cos**ta*
Dois-je payer d'avance?	**Pago in anticipo?** ***pa**go inn ann**ti**tchipo*
Puis-je payer par chèque?	**Posso pagare con un assegno?** ***pos**so pagaRé conn oun as**sé**gno*
Acceptez-vous les chèques de voyage?	**Accettate i traveller's cheques?** *attchét**ta**té i **tRav**lèRz chèque*
Je voudrais un reçu, s'il vous plaît	**Vorrei una ricevuta, per favore** *vo**RRéï** ouna Ritché**vou**ta péR fa**vo**Ré*

Voir aussi **ACHATS, ARGENT**

Mémo

Je voudrais quelque
chose pour le mal de
tête/de gorge/de
dents

**Vorrei qualcosa per il mal di testa/mal
di gola/mal di denti**
*voRRéï coualcoza péR il mal di tésta/mal di
gola/mal di dennti*

Je voudrais des
pansements adhésifs

Vorrei dei cerotti
voRRéï déï tchéRotti

Avez-vous quelque
chose contre les
piqûres d'insecte/les
coups de soleil?

**Avete qualcosa per le punture di
insetti/scottature solari?**
*avété coualcoza péR lé pounntouRé di
innsètti/scottatouRé solaRi*

J'ai une ordonnance
du médecin

Ho una ricetta del dottore
o ouna Ritchètta dél dottoRé

J'ai un rhume

Ho il raffreddore
o il RaffRéddoRé

Je tousse

Ho la tosse
o la tossé

Combien dois-je en
prendre?

Quanto(i) ne devo prendere?
couannto(i) né dévo pRenndéRé

Je le prends tous les
combien?

Ogni quante ore devo prenderlo?
ogni couannté oRé dévo pRenndèRlo

Mémo

Vous pouvez acheter vos pellicules dans les magasins spécialisés dans le matériel photo – foto-ottica.

Je voudrais une pellicule couleur/ noir et blanc
Vorrei un rullino a colori/in bianco e nero
voRRéï oun Roullino a coloRi/inn biannco é néRo

C'est pour un tirage sur papier/des diapositives
È per fotografie/diapositive
è péR fotogRafié/diapozitivé

La pellicule s'est coincée
Il rullino si è bloccato
il Roullino si è bloccato

Le mécanisme de rembobinage ne fonctionne pas
Il meccanismo di ravvolgimento non funziona
il méccanizmo di Ravvoldjimennto nonn founntsiona

Pouvez-vous développer cette pellicule, s'il vous plaît?
Può sviluppare questo rullino, per favore?
pouo sviviouppaRé couésto Roullino péR favoRé

Quand les photos seront-elles prêtes?
Quando saranno pronte le foto?
couanndo saRanno pRonnté le foto

Est-ce que je peux prendre des photos ici?
Posso fare delle foto qui dentro?
posso faRé déllé foto coui denntRo

Pouvez-vous nous prendre en photo, s'il vous plaît?
Può farci una foto, per favore?
pouo faRtchi ouna foto péR favoRé

Mémo

*Sur de nombreuses plages en Italie, vous devez payer pour utiliser
les cabines, les parasols et les chaises longues. Ces plages ont
généralement un bar et elles sont surveillées par un maître nageur –
bagnino. Les plages sans aucune infrastructure sont ouvertes au
public sans aucun droit d'accès. Comme en France, un drapeau
rouge indique qu'il est dangereux de se baigner.*

La baignade est-elle
dangereuse ici?
È pericoloso nuotare qui?
è péRicolozo nouotaRé coui

À quelle heure est
la marée haute/basse?
Quando c'è l'alta/la bassa marea?
couanndo tchè lalta/la bassa maRèa

Quelle est la
profondeur de l'eau?
Quanto è profonda l'acqua?
couannto è pRofonnda laccoua

Y a-t-il des courants?
Ci sono correnti forti?
tchi sono coRRennti foRti

Est-ce une plage
privée/tranquille?
È una spiaggia privata/tranquilla?
è ouna spiaddja pRivata/tRanncouilla

Où sont les cabines
pour se changer?
Dove sono gli spogliatoi?
dové sono lyi spolyiatoï

Puis-je louer une
chaise longue?
**Posso prendere in affitto una sedia a
sdraio?**
*posso pRenndéRé inn affitto ouna sèdia
a sdRaïo*

Puis-je aller pêcher?
Posso andare a pescare?
posso anndaRé a pèscaRé

Y a-t-il une piscine
pour les enfants?
C'è una piscina per bambini?
tchè ouna pichina péR bammbini

Mémo

Il existe en Italie différentes forces de police ayant chacune un rôle particulier. Les Carabinieri *dépendent du ministère de la Défense et s'occupent des crimes. La* Polizia *s'occupe des délits et des problèmes administratifs (tels que la perte d'un passeport, par exemple). Dans les villes, la circulation est contrôlée par les* Vigili urbani. *En dehors des zones urbaines, les routes sont contrôlées par la* Polizia stradale.

Nous devrions appeler la police	**Dovremmo chiamare la polizia** *dov**Rém**mo quia**ma**Ré la poli**tsi**a*
Où se trouve le commissariat de police?	**Dov'è il commissariato?** *do**vè** il commissaRiato*
On a forcé la serrure de ma voiture	**Mi hanno aperto la macchina** *mi **an**no a**pé**Rto la **mac**quina*
J'ai été volé	**Sono stato derubato** *so**no sta**to déRou**ba**to*
J'ai eu un accident	**Ho avuto un incidente** *o a**vou**to oun inntchi**denn**té*
À combien se monte l'amende?	**Quant'è la multa?** *couann**tè** la **moul**ta*
Comment puis-je la payer?	**Come pago?** *co**mé pa**go*
Je n'ai pas mon permis de conduire sur moi	**Non ho la patente con me** *non o la pa**tenn**te conn mé*
Je suis désolé(e), Monsieur l'agent	**Mi dispiace molto, signor poliziotto** *mi dispia**t**ché **mol**to sig**noR** politsiotto*

Mémo

Dans les cafés et les restaurants, le service est généralement compris – servizio compreso – cependant il est d'usage de laisser au garçon la petite monnaie qu'on vous rend. On doit également laisser un pourboire aux porteurs, aux femmes de chambre dans les hôtels et aux personnes qui s'occupent des toilettes dans les lieux publics.

Je regrette, je n'ai pas de monnaie
Mi dispiace, non ho spiccioli
mi dispiatché nonn o spittcholi

Pouvez-vous me faire la monnaie de… ?
Mi può dare… in moneta?
(*voir* CHIFFRES)
mi pouo daRé… inn monéta

Donne-t-on habituellement un pourboire à… ?
Si deve dare la mancia a… ?
si dévé daRé la manntcha a…

Combien dois-je laisser de pourboire?
Quanto devo lasciare di mancia?
couannto dévo lachaRé di manntcha

Gardez la monnaie
Tenga pure il resto
tennga pouRé il Rèsto

Rendez-moi la monnaie sur… lires
Faccia… lire (*voir* CHIFFRES)
fattcha… liRé

PROBLÈMES

Pouvez-vous m'aider, s'il vous plaît?	**Può aiutarmi, per favore?** *pouo ayoutaRmi péR favoRé*
Qu'est-ce qu'il y a?	**Che cosa c'è?** *qué coza tchè*
J'ai besoin d'aide	**Ho bisogno di aiuto** *o bizogno di aïouto*
Je ne comprends pas	**Non capisco** *nonn capisco*
Parlez-vous français?	**Parla francese?** *paRla fRanntchézé*
Pouvez-vous répéter, s'il vous plaît?	**Ripeta, per favore** *Ripéta péR favoRé*
Je n'ai plus d'argent	**Sono rimasto senza soldi** *sono Rimasto sennza soldi*
Je me suis perdu	**Mi sono perso** *mi sono péRso*
Mon fils s'est perdu	**Non trovo più mio figlio** *nonn tRovo piou mio filyio*
J'ai oublié mon passeport	**Ho dimenticato il passaporto** *o dimennticato il passapoRto*
Où se trouve le consulat de France?	**Dov'è il consolato francese?** *dovè il connsolato fRanntchézé*
Laissez-moi tranquille	**Lasciami in pace** *lachami inn patché*
Allez-vous-en!	**Va' via!** *va via*

Voir aussi **ACCIDENTS, POLICE, RÉCLAMATIONS, URGENCES**

La prononciation de l'italien ne présente pas de difficulté majeure pour un francophone car les sons sont similaires dans les deux langues. Le système de transcription que nous vous proposons se rapproche le plus possible des sons français; **toutes les lettres se prononcent**, même les 's' et 't' en fin de mots, et la syllabe qui porte l'accent tonique est indiquée en **gras**.

Lettre italienne	Transcription	Exemples	
a	a	**casa**	*ca*za
b	b	**burro**	*bou*RRo
c ca, co, cu	c	**come**	*co*mé
chi, che	qu	**chi**	*qui*
ci, ce	tch	**c'è**	*tchè*
cia, cio, ciu	tch	**ciao**	*tcha*ou
ccia, ccio	ttch	**faccio**	*fa*ttcho
d	d	**di**	*di*
e non accentué	é	**amore**	amo*Ré*
fermé	é	**secco**	*sé*cco
ouvert	è	**secolo**	*sè*colo
f	f	**fare**	*fa*Ré
g ga, go, gu	g	**salgono**	*sal*gono
gg	ddj	**viaggio**	via*ddjo*
gh	gu	**ghiaccio**	*gui*attcho
gi, ge	dj	**oggi**	*o*ddji
gia, gio, giu	dj	**giù**	*djou*
gl	ly	**gli**	*lyi*
gn	gn	**ogni**	*o*gni
h	-	**ha**	*a*
i	i	**qui**	*coui*
	ï	**poi**	*poï*
l	l	**luglio**	*lou*lyio
m	m	**marzo**	*ma*Rtso
n	n	**nonno**	*no*nno
o	o	**forte**	*fo*Rté
p	p	**papa**	*pa*pa
qu	cou	**quale**	*cou*alé

r (r roulé)	R	**loro**	*loRo*
rr	RR	**burro**	*bouRRo*
s	s	**sole**	*solé*
	z	**sbaglio**	*zbalyio*
sci, sce	ch	**scendere**	*chenndéRé*
scia, scio, sciu	ch	**sciopero**	*chopéRo*
schi, schie	squ	**rischio**	*Risquio*
ss	ss	**rosso**	*Rosso*
t	t	**tipo**	*tipo*
u	ou	**uno**	*ouno*
v	v	**vuole**	*vouolé*
x	cs	**taxi**	*tacsi*
z	ts	**zio**	*tsio*
	dz	**benzina**	*benndzina*
zz	ddz	**mezzo**	*mèddzo*
	tts	**pezzo**	*pèttso*

Notez bien que les consonnes doublées doivent être prononcées doublées. Comparez :

sono *sono* (je suis, ils sont)

sonno *sonno* (sommeil)

Nous avons également doublé certaines consonnes pour éviter toute confusion avec la prononciation française. Par exemple, en italien 'an' ne se prononce pas comme le mot français 'an' mais comme le prénom 'Anne'.

Lettres italiennes	Transcription	Exemples	
am	amm	**cambiare**	*cammbiaRé*
an	ann	**stanza**	*stanntsa*
en	enn	**incidente**	*inntchidennté*
in	inn	**ingorgo**	*inngoRgo*
om	omm	**comprare**	*commpRaRé*
on	onn	**conto**	*connto*

Mémo

Lorsque vous vous adressez à une personne que vous ne connaissez pas, vous devez utiliser la forme de politesse Lei *(voir* **GRAMMAIRE**). *Ainsi la phrase 'Êtes-vous le gérant de l'hôtel?' se traduira par 'Lei è il padrone dell'albergo?'* (léï è il **pa**dro**nné dèl**lal**bèR**go).

C'est loin/cher?	**È lontano/Costa molto?** *è lonntano/costa molto*
Est-ce que vous comprenez?	**Ha capito?** *a capito*
Pouvez-vous m'aider?	**Può aiutarmi?** *pouo aïoutaRmi*
Où sont les magasins?	**Dove sono i negozi?** *dové sono i négotsi*
Quand est-ce que ça sera prêt?	**Quando sarà pronto?** *couanndo saRa pRonnto*
Comment peut-on s'y rendre?	**Come si fa per andarci?** *comé si fa péR anndaRtchi*
C'est à quelle distance/De quelle taille est-ce?	**Quanto è distante/grande?** *couannto è distannté/gRanndé*
Y a-t-il un bon restaurant?	**C'è un buon ristorante?** *tchè oun bouonn RistoRannté*
Qu'est-ce que c'est?	**Che cos'è questo?** *qué cozè couésto*
C'est combien?	**Quanto costa?** *couannto costa*

Ça ne marche pas	**Questo non funziona** *couésto nonn founntsiona*
Je n'arrive pas à éteindre/allumer le chauffage	**Non riesco a spegnere/ad accendere il riscaldamento** *nonn Rièsco a spégnéRé/ad attchenndéRé il Riscaldamennto*
La serrure est cassée	**La serratura è rotta** *la séRRatouRa è Rotta*
Je n'arrive pas à ouvrir la fenêtre	**Non riesco ad aprire la finestra** *nonn Riésco ad apRiRé la finèstRa*
La chasse d'eau ne marche pas	**Non esce acqua dal water** *nonn èché accoua dal vatèR*
Il n'y a pas d'eau chaude	**Non c'è acqua calda** *nonn tchè accoua calda*
Il n'y a pas de papier hygiénique	**Non c'è carta igienica** *nonn tchè caRta idjiénica*
Le lavabo est sale	**Il lavandino è sporco** *il lavanndino è spoRco*
Le café est froid	**Il caffè è freddo** *il caffè è fRéddo*
J'ai acheté ça ici, hier	**Questo l'ho comprato qui ieri** *couésto lo commpRato coui iéRi*
Il a un défaut	**È difettoso** *è difèttozo*
Il a un trou	**È bucato** *è boucato*

Mémo

Les touristes qui visitent les églises doivent être correctement habillés. Les shorts, les mini-jupes et parfois même les manches courtes sont considérés comme inconvenants.

Où se trouve l'église la plus proche?	**Dov'è la chiesa più vicina?** *dovè la quiéza piou vitchina*
Où puis-je trouver un temple protestant?	**Dove posso trovare una chiesa protestante?** *dové posso tRovaRé ouna quiéza pRotèstannté*
Je voudrais voir un prêtre	**Vorrei vedere un prete** *voRRéï védéRé oun pRèté*
À quelle heure est la messe?	**A che ora è la messa?** *a qué oRa è la méssa*
Je voudrais me confesser	**Vorrei andare a confessarmi** *voRRéï anndaRé a connféssaRmi*

J'ai cassé la vitre	**Ho rotto il vetro** *o **Rot**to il **vét**Ro*
Il y a un trou à ce pantalon	**C'è un buco in questi pantaloni** *tchè oun **bou**co inn couésti panntaloni*
C'est cassé	**Questo è rotto** *couèsto è **Rot**to*
C'est déchiré	**Questo è strappato** *couèsto è stRap**pa**to*
Est-ce que vous pouvez réparer ça?	**Può riparare questo?** *pouo RipaRaRé couésto*
Quand cela sera-t-il prêt?	**Quando potrà finirlo?** *couanndo potRa finiRlo*
J'ai besoin de ruban adhésif/d'une épingle de nourrice	**Ho bisogno di nastro adesivo/di una spilla di sicurezza** *o bi**zo**gno di **nast**Ro adé**zi**vo/di ouna **spil**la di sicou**Rèt**tsa*
Pouvez-vous refaire les talons de ces chaussures?	**Può rifare i tacchi a queste scarpe?** *pouo RifaRé i **tac**qui a couésté **scaR**pé*
Pouvez-vous le faire rapidement?	**Può farlo presto?** *pouo **faR**lo **pRès**to*
La poignée est partie	**È uscita la maniglia** *è ou**chi**ta la mani**lyi**a*
Ça s'est décousu	**Si è scucito** *si è scou**tchi**to*
La vis ne tient plus	**La vite si è allentata** *la **vi**té si è allenn**ta**ta*

Voir aussi **ACCIDENTS, PANNES, URGENCES**

Mémo

Les trattorie offrent d'excellents repas à des prix souvent plus avantageux que les restaurants. Les pizzerie et les rosticcerie (où l'on trouve des viandes rôties et des légumes à emporter ou à consommer sur place) ont également des prix raisonnables. Dans les grandes villes touristiques, les restaurants style cafétéria ou restauration rapide sont très répandus. De nombreux restaurants offrent des menus – menù turistici – à des prix avantageux et il est conseillé de comparer le prix du menu à prix fixe avec les prix à la carte. Dans ces menus sont généralement compris le couvert – coperto – et le service – servizio.

Y a-t-il un café près d'ici?

C'è un caffè qui vicino?
tchè oun cafè coui vitchino

Y a-t-il un restaurant près d'ici?

C'è un ristorante qui vicino?
tchè oun RistoRannté coui vitchino

Une table pour quatre, s'il vous plaît!

Un tavolo per quattro, per favore!
oun tavolo péR couattRo péR favoRé

Pouvons-nous voir la carte?

Possiamo vedere il menù?
possiamo védéRé il ménou

Nous prendrons d'abord quelque chose à boire

Prima prendiamo qualcosa da bere
pRima pRenndiamo coualcoza da béRé

Pourriez-vous nous apporter de l'eau?

Potrebbe portarci dell'acqua?
potRébbé poRtaRchi déllaccoua

Nous voudrions de l'eau minérale

Vorremmo dell'acqua minerale
voRRémmo déllaccoua minéRalé

Le service est-il compris dans le prix?

Il servizio è compreso nel prezzo?
il séRvitsio è commpRézo nél pRèttso

Avez-vous un menu à prix fixe/un menu enfants?

Avete un menù fisso/un menù speciale per bambini?
avété oun menou fisso/oun ménou spétchalé péR bammbini

Nous prendrons le menu à... lires

Prendiamo il menù da... lire
(*voir* CHIFFRES)
pRenndiamo il ménou da... liRé

Pourriez-vous nous apporter la carte des vins?

Potrebbe portarci la lista dei vini?
potRébbé poRtaRchi la lista déï vini

Que nous recommandez-vous?

Che cosa ci consiglia?
qué coza tchi connsilyia

Y a-t-il une spécialité locale?

C'è una specialità locale?
tchè ouna spétchalita localé

Est-ce que c'est servi avec une garniture?

Comprende anche i contorni?
commpRenndé annqué i conntoRni

Saignant/À point/Bien cuit, s'il vous plaît!

Al sangue/Poco cotta/Cotta bene, per favore
al sanngoué/poco cotta/cotta béné péR favoRé

Nous voudrions un dessert, s'il vous plaît

Vorremmo un dolce, per favore
voRRémmo oun doltché péR favoRé

Nous voudrions un café, s'il vous plaît

Vorremmo il caffè, per favore
voRRémmo il caffè péR favoRé

L'addition, s'il vous plaît

Il conto, per favore
il connto péR favoRé

Voir aussi **BOISSONS, MENUS, PAYER, VINS ET ALCOOLS**

Mémo

La vitesse est généralement limitée à 90km/h en dehors des zones urbaines sauf indication contraire. Sur les autoroutes, elle est limitée à 130km/h du lundi au vendredi et à 110 km/h le samedi et le dimanche.

Quelle est la limitation de vitesse sur cette route?	**Qual'è il limite di velocità su questa strada?** *coualè il limité di vélotchita sou couésta stRada*
Est-ce que c'est une autoroute à péage?	**C'è da pagare il pedaggio su questa autostrada?** *tchè da pagaRé il pédaddjo sou couésta aoutostRada*
Y a-t-il un raccourci?	**C'è una scorciatoia?** *tchè ouna scoRtchatoïa*
Où puis-je garer ma voiture?	**Dove posso parcheggiare?** *dové posso paRquéddjaRé*
Y a-t-il un parking près d'ici?	**C'è un parcheggio qui vicino?** *tchè oun paRquéddjo coui vitchino*
Puis-je garer ma voiture ici?	**Posso parcheggiare qui?** *posso paRquéddjaRé coui*
Combien de temps puis-je rester ici?	**Quanto tempo posso restare qui?** *couanto temmpo posso RéstaRé coui*
Ai-je besoin d'un disque de stationnement?	**È necessario il disco orario?** *è nétchéssaRio il disco oRaRio*

SALUTATIONS

Mémo

Bien entendu, vous ne pouvez tutoyer que les gens que vous connaissez bien. Sinon, il faut utiliser la forme de politesse – Lei. Ciao
ne s'emploie qu'avec les personnes avec lesquelles on est en
termes familiers. Les termes signore, signora et signorina s'utilisent
de la même manière que monsieur, madame et mademoiselle en
français.

Bonjour	**Buon giorno** *bouonn djoRno*
Bonsoir	**Buona sera** *bouona notté*
Bonne nuit	**Buona notte** *bouona séRa*
Au revoir	**Arrivederci** *aRRivédéRtchi*
Enchanté	**Piacere** *piatchéRé*
Enchanté de faire votre connaissance	**Piacere di conoscerla** *piatchéRé di conochèRla*
Comment allez-vous?	**Come sta?** *comé sta*
Très bien, merci	**Molto bene, grazie** *molto béné gRatsié*
À bientôt	**A presto** *a pRèsto*

Nous voudrions le petit déjeuner/une bouteille de vin dans notre chambre	**Vorremmo la colazione/una bottiglia di vino nella nostra camera** *voRRémmo la colatsioné/ouna bottilyia di vino nélla nostRa caméRa*
Mettez-le sur ma note	**Lo metta sul mio conto** *lo métta soul mio connto*
Je voudrais la ligne (directe), s'il vous plaît	**Mi dà la linea, per favore** *mi da la linéa péR favoRé*
J'ai perdu ma clé	**Ho perso la mia chiave** *o pèRso la mia quiavé*
Je me suis enfermé dehors	**Sono rimasto chiuso fuori della mia stanza** *sono Rimasto quiouzo fouoRi délla mia stanntsa*
Puis-je avoir une autre couverture?	**Posso avere un'altra coperta?** *posso avéRé ounaltRa copèRta*
Puis-je avoir un oreiller de plus?	**Posso avere un altro guanciale?** *posso avéRé oun altRo gouanntchalé*
La télé/La radio ne marche pas	**La TV/La radio non funziona** *la tivou/la Radio nonn founntsiona*
Quel est le voltage?	**Che voltaggio è?** *qué voltaddjo è*
Pourriez-vous envoyer quelqu'un prendre mes bagages?	**Potrebbe mandare qualcuno a prendere i miei bagagli?** *potRébbé manndaRé coualcouno a pRenndéRé i miéï bagalyi*

Qu'est-ce qu'il y a à faire le soir?	**Che cosa si può fare di sera?** *qué coza si pouo faRé di séRa*
Où peut-on assister à un spectacle de cabaret?	**Dove si può andare per vedere un cabaret?** *dové si pouo anndaRé péR védéRé oun cabaRè*
Où peut-on aller danser?	**Dove si può andare per ballare?** *dové si pouo anndaRé péR ballaRé*
Y a-t-il de bonnes boîtes de nuit?	**Ci sono dei buoni locali notturni?** *tchi sono déï bouoni locali nottouRni*
Y a-t-il de bonnes discothèques?	**Ci sono delle buone discoteche?** *tchi sono déllé bouoné discotéqué*
Comment se rend-on au casino?	**Come ci si arriva al casinò?** *comé tchi si aRRiva al cazino*
Combien coûte l'entrée?	**Quanto costa il biglietto di entrata?** *couannto costa il bilyiétto di enntRata*
Nous voudrions réserver deux places pour ce soir staséRa	**Vorremmo prenotare due posti per stasera** *voRRémmo pRénotaRé doué posti péR*
Y a-t-il un bar?	**C'è un bar?** *tchè oun baR*
Y a-t-il un restaurant?	**C'è un ristorante?** *tchè oun RistoRannté*
À quelle heure le spectacle/le concert commence-t-il?	**A che ora inizia lo spettacolo/ il concerto?** *a qué oRa initsia lo spéttacolo/il conntchèRto*

Voir aussi **DISTRACTIONS, RESTAURANT**

Quels sports peut-on pratiquer ici?	**Quali sport si possono fare qui?** *couali spoRt si possono faRé coui*
Peut-on pêcher?	**Si può andare a pescare?** *si pouo anndaRé a pèscaRé*
Peut-on faire de l'équitation?	**Si può andare a cavallo?** *si pouo anndaRé a cavallo*
Où pouvons-nous jouer au tennis?	**Dove possiamo giocare a tennis?** *dové possiamo djocaRé a ténnis*
Où pouvons-nous jouer au golf?	**Dove possiamo giocare a golf?** *dové possiamo djocaRé a golf*
Est-ce qu'il y a des promenades intéressantes à faire *coui* près d'ici?	**Ci sono delle belle passeggiate da fare qui vicino?** *tchi sono déllé béllé passéddjaté da faRé* *vitchino*
Pouvons-nous louer le matériel?	**Possiamo noleggiare le attrezzature?** *possiamo noléddjaRé lé attRéttsatouRé*
C'est combien de l'heure?	**Quanto costa all'ora?** *couannto costa alloRa*
Est-ce qu'il faut être membre (du club)?	**Bisogna essere soci?** *bizogna èsséRé sotchi*
Où peut-on acheter les billets?	**Dove si comprano i biglietti?** *dové si commpRano i bilyiétti*
Peut-on prendre des leçons?	**Si può prendere delle lezioni?** *si pouo pRenndéRé déllé létsioni*

Peut-on louer des skis ici?

Si può noleggiare degli sci qui?
si pouo noléddjaRé délyi chi coui

Pourriez-vous régler mes fixations?

Potrebbe regolare i miei attacchi?
potRébbé RégolaRé i miéï attacqui

Quelles sont les conditions d'enneigement?

Com'è la neve?
comè la névé

Y a-t-il un restaurant en haut des pistes?

C'è un ristorante alla stazione d'arrivo?
tchè oun RistoRannté alla statsioné daRRivo

Quelles sont les pistes les plus faciles?

Quali sono le piste più facili?
couali sono lé pisté piou fatchili

À quelle heure part la dernière remontée mécanique?

Quand'è l'ultima salita?
couanndè loultima salita

Y a-t-il des risques d'avalanche?

C'è pericolo di valanghe?
tchè péRicolo di valanngué

La neige est très glacée/dure

La neve è molto ghiacciata/pesante
la névé è molto guiattchata/pézannté

Un forfait pour une semaine, s'il vous plaît

Un biglietto valido per una settimana, per favore
oun bilyiétto valido péR ouna séttimana péR favoRé

Peut-on faire du ski
nautique?

Si può fare lo sci d'acqua?
si pouo faRé lo chi daccoua

Peut-on faire de la
planche à voile?

Si può fare il windsurf?
si pouo faRé il ouindsèRf

Peut-on louer un
canot à moteur?

Si può affittare una barca a motore?
si pouo affittaRé ouna baRca a motoRé

Peut-on louer une
barque?

Si può affittare una barca a remi?
si pouo affittaRé ouna baRca a Rémi

Puis-je louer une
planche à voile?

Posso affittare una tavola per il surf?
posso affittaRé ouna tavola pèR il suRf

La baignade est-elle
autorisée dans la
rivière?

Si può nuotare nel fiume?
si pouo nouotaRé nél fioumé

Peut-on pêcher ici?

Si può pescare qui?
si pouo péscaRé coui

Où se trouve la
piscine municipale?

Dov'è la piscina pubblica?
dovè la pichina poublica

La piscine est-elle
chauffée?

È riscaldata la piscina?
è Riscaldata la pichina

Est-ce une piscine
découverte?

È una piscina all'aperto?
è ouna pichina allapèRto

Y a-t-il un petit bain?

C'è una piscina per bambini?
tchè ouna pichina pèR bammbini

Donnez-vous des
leçons?

Dà lezioni?
da létsioni

STATION-SERVICE

Mémo

Vous avez la possibilité, en tant que touriste, d'avoir des réductions sur l'essence en achetant des bons d'essence avant de partir en Italie. Vous pouvez les obtenir soit auprès de certaines agences de voyage, soit à la CIT (à Paris) ainsi qu'à l'ACI (Automobile Club Italiano) qui a des bureaux aux frontières.

20 litres d'ordinaire	**20 litri di normale** *vénnti litRi di noRmalé*
10 000 lires de super, s'il vous plaît	**10 000 lire di super, per favore** *diétchimila liRé di soupèR péR favoRé*
Le plein, s'il vous plaît	**Il pieno, per favore** *il piéno péR favoRé*
Pourriez-vous vérifier le niveau d'huile/d'eau?	**Potrebbe controllare l'olio/l'acqua?** *potRébbé conntRollaRé lolio/laccoua*
Y a-t-il des toilettes?	**C'è un gabinetto?** *tchè oun gabinètto*
Pourriez-vous nettoyer le pare-brise?	**Potrebbe pulire il vetro?** *potRébbé pouliRé il vétRo*
Où puis-je contrôler la pression des pneus?	**Dove posso controllare la pressione delle gomme?** *dové posso conntRollaRé la pRéssioné déllé gommé*
Puis-je avoir un bidon d'huile/d'essence?	**Posso avere una lattina di olio/di benzina?** *posso avéRé ouna lattina di olio/di benndzina*
Comment marche la station de lavage?	**Come funziona il lavaggio auto?** *comé founntsiona il lavaddjo aouto*

Mémo

Pouvez-vous m'appeler un taxi, s'il vous plaît?	**Può chiamarmi un taxi, per favore?** *pouo quiamaRmi oun tacsi péR favoRé*
À la gare principale	**Alla stazione centrale** *alla statsioné tchenntRalé*
Conduisez-moi à cette adresse	**Mi porti a quest'indirizzo** *mi poRti a couéstinndiRittso*
Ça va coûter combien?	**Quanto verrà a costare?** *couannto véRRa a costaRé*
Je suis pressé	**Ho fretta** *o fRètta*
Pouvez-vous attendre ici quelques minutes?	**Può aspettare qui per alcuni minuti?** *pouo aspéttaRé coui péR alcouni minouti*
Arrêtez-vous ici, s'il vous plaît	**Si fermi qui, per favore** *si féRmi coui péR favoRé*
Arrêtez-vous au coin, s'il vous plaît	**Si fermi all'angolo, per favore** *si féRmi allanngolo péR favoRé*
Est-ce loin?	**È lontano?** *è lonntano*
Pouvez-vous me donner un reçu?	**Può farmi una ricevuta?** *pouo faRmi ouna Ritchévouta*

Mémo

Vous trouverez des téléphones publics dans les bars, les rues et les gares. Les postes publics prennent les pièces de 100 lires et 200 lires et certains prennent des jetons – gettoni. Les postes les plus récents prennent les Télécartes. Les gettoni peuvent être achetés dans les bars, les bureaux de tabac et les kiosques au prix de 200 lires. Pour les appels interurbains, il vaut mieux aller dans un grand bureau de poste ou dans une agence SIP où vous paierez une fois votre communication terminée. Pour appeler l'étranger, composez le 00 avant l'indicatif du pays (l'indicatif de la France est le 33), puis le numéro.

Je voudrais téléphoner	**Vorrei fare una telefonata** *voRRéï faRé ouna téléfonata*
Puis-je avoir la ligne pour téléphoner?	**Posso avere la linea?** *posso avéRé la linéa*
C'est le numéro… , poste…	**Il numero è… , interno…** (*voir* CHIFFRES) *il nouméRo è… inntèRno…*
Je voudrais appeler en PCV	**Vorrei addebitare la spesa al ricevente** *voRRéï addébitaRé la spéza al Ritchévennté*
Y a-t-il un téléphone?	**C'è un telefono?** *tchè oun téléfono*
Combien ça coûte pour appeler la France/le Canada/ la Belgique?	**Quanto costa telefonare in Francia/in Canada/in Belgio?** *couannto costa téléfonaRé inn fRanntcha/inn canada/inn beldjo*
Je n'arrive pas à obtenir la communication	**Non riesco a prendere la linea** *nonn Riésco a pRenndéRé la linéa*
C'est occupé	**La linea è occupata** *la linéa è occoupata*

Allô, c'est…

Pronto, sono…
pRonnto sono…

Puis-je parler
à… ?

Posso parlare con… ?
posso paRlaRé conn…

J'ai été coupé

Mi è stata tolta la comunicazione
mi è stata tolta la comounicatsioné

La ligne est
mauvaise

Si sente male
si sennté malé

VOTRE CORRESPONDANT PEUT VOUS DIRE :

**Sto cercando di mettervi
in comunicazione**t
*sto tchèRcanndo di méttèRvi inn
comounicatsioné*

Je vous passe votre
correspondant

Resti in linea
Rèsti inn linéa

Ne quittez pas

Mi dispiace, è occupato
mi dispiatché è occoupato

Je regrette, c'est
occupé

Riprovi più tardi, per favore
RipRovi piou taRdi péR favoRé

Veuillez rappeler
plus tard, s'il vous
plaît

Chi chiama?
qui quiama

C'est de la part
de qui?

Mi dispiace, ma ha sbagliato numero
mi dispiaché ma a sbalyiato nouméRo

Désolé, vous vous
êtes trompé de
numéro

Mémo

Les toilettes dans lesquelles une personne est chargée du nettoyage sont souvent plus propres que les autres et il y a du papier, du savon et des serviettes, choses qui manquent fréquemment aux autres. Il est d'usage de laisser un pourboire à ces employés (minimum 200 lires).

Où se trouvent les toilettes, s'il vous plaît?
Dov'è la toilette, per favore?
dovè la toualette péR favoRé

Faut-il payer?
Bisogna pagare?
bizogna pagaRé

Cette chasse d'eau ne marche pas
L'acqua non esce da questo water
laccoua nonn èché da couésto vatèR

Il n'y a pas de papier hygiénique/ de savon
Non c'è carta igienica/sapone
nonn tchè caRta idjiénica/saponé

Doit-on payer un supplément pour utiliser le lavabo?
Bisogna pagare di più per usare il lavandino?
bizogna pagaRé di piou péR ouzaRé il lavanndino

Y a-t-il des toilettes pour handicapés?
C'è una toilette per handicappati?
tchè ouna toilètté péR anndicappati

Y a-t-il un endroit pour changer les bébés?
Ci sono dei servizi per madri con bambini?
tchi sono déï séRvitsi péR madRi conn bammbini

La porte ne ferme pas
La porta non si chiude
la poRta nonn si quioudé

Mémo

Les horaires d'ouverture des musées donnés dans les guides sont souvent erronés ou bien changent d'un mois à l'autre. Il est donc préférable de vérifier sur place avant de vous y rendre. Les églises sont ouvertes tôt le matin mais ferment vers 15h00 ou 16h00. Dans quelques villes, les musées sont gratuits un jour par mois; renseignez-vous auprès des syndicats d'initiative locaux.

Qu'y a-t-il d'intéressant à voir par ici?	**Che cosa c'è da vedere qui?** *qué **co**za tchè da vé**dé**Ré cou**i***
Excusez-moi, pour aller à la cathédrale?	**Scusi, come faccio per andare al duomo?** *scou**zi co**mé **fa**ttcho péR ann**da**Ré al douomo*
Où se trouve le musée?	**Dov'è il museo?** *dovè il mou**zé**o*
Où se trouve la grand-place?	**Dov'è la piazza principale?** *dovè la pi**att**sa pRinntchi**pa**lé*
À quelle heure le musée ouvre-t-il?	**A che ora apre il museo?** *a qué **o**Ra **a**pRé il mou**zé**o*
Le château est-il ouvert au public?	**Il castello è aperto al pubblico?** *il cas**tè**llo è a**pè**Rto al **pou**bblico*
Combien coûte l'entrée?	**Quanto costa il biglietto di entrata?** *cou**ann**to **cos**ta il bil**yié**tto di ennt**Ra**ta*
Peut-on prendre des photos ici?	**Si può fare delle fotografie qui dentro?** *si pouo fa**Ré dé**llé fotogRafié coui **denn**tRo*
Où puis-je acheter une pellicule/des cartes postales?	**Dove posso comprare un rullino/delle cartoline?** *do**vé pos**so commp**Ra**Ré oun Roul**li**no/dél**lé** ca**Rto**liné*

TRAIN

Mémo

Les trains sont classés de la façon suivante :

Super Rapido :	*train rapide; la réservation est obligatoire et on doit payer un supplément car il n'y a que des premières classes*
Rapido :	*train rapide à supplément avec parfois réservation obligatoire*
Espresso :	*train express qui ne s'arrête qu'aux gares principales*
Diretto :	*train qui s'arrête dans la plupart des gares*
Locale/Accelerato :	*train omnibus qui s'arrête dans toutes les gares*

Est-ce le train pour… ?
È questo il treno per… ?
è couésto il tRèno péR… ?

Cette place est-elle libre?
È libero questo posto?
è libéRo couésto posto

J'ai une place réservée
Ho un posto prenotato
o oun posto pRénotato

Puis-je ouvrir la fenêtre?
Posso aprire il finestrino?
posso apRiRé il finèstRino

À quelle heure arrivons-nous à… ?
A che ora arriviamo a… ?
a qué oRa aRRiviamo a…

Est-ce que nous nous arrêtons à… ?
Ci fermiamo a… ?
tchi fèRmiamo a…

Où dois-je changer pour… ?
Dove devo cambiare per… ?
dové dévo cammbiaRé péR…

Y a-t-il un wagon-restaurant?
C'è un vagone ristorante?
tchè oun vagoné RistoRannte

Pouvez-vous m'avertir quand nous arriverons à…
Per favore mi dica quando arriviamo a…
péR favoRé mi dica couanndo aRRiviamo a…

Voir aussi **BAGAGES, GARE**

Mémo

Les tickets de bus ou de tramway peuvent s'acheter dans les bureaux de tabac – tabaccherie – et dans de nombreux bars. Une fois monté, compostez votre ticket avec la machine qui se trouve généralement près des portes. Dans de nombreuses villes, il existe un système de billets à durée limitée dans le temps (valables 1h, 2h etc.).

Est-ce que ce bus/ ce train va à… ?

Quest'autobus/Questo treno va a… ?
couéstaoutobous/couésto tRèno va a…

D'où part le bus pour la cathédrale/ l'aéroport?

Da dove parte l'autobus per il duomo/ l'aeroporto?
da dové paRté laoutobous péR il douomo/ laèRopoRto

Quel est le bus qui va à… ?

Quale autobus va a… ?
coualé aoutobous va a…

Où dois-je changer?

Dove devo cambiare?
dové dévo cammbiaRé

Où dois-je descendre?

Dove devo scendere?
dové dévo chenndéRé

Quelle est la fréquence des bus/ trains en direction du centre?

Ogni quanto ci sono gli autobus/i treni per la città?
ogni couannto tchi sono lyi aoutobous/i tRèni pèR la tchitta

Combien coûte un aller pour le centre-ville?

Qual'è la tariffa per andare in centro?
coualè la taRiffa péR anndaRé inn tchenntRo

Où puis-je acheter un ticket?

Dove posso comprare un biglietto?
dové posso commpRaRé ounn bilyiétto

À quelle heure passe le dernier bus?

Quando parte l'ultimo autobus?
couanndo paRté loultimo aoutobous

URGENCES

Mémo

Pour appeler la police, une ambulance ou les pompiers, composez le 113.

Il y a le feu!	**C'è un incendio!** *tchè oun inntchenndio*
Appelez un médecin/ une ambulance!	**Chiamate un medico/un'ambulanza!** *quiamaté oun mèdico/ounammboulanntsa*
Il faut l'emmener à l'hôpital	**Bisogna portarlo all'ospedale** *bizogna poRtaRlo allospédalé*
Allez chercher de l'aide, vite!	**Andate a chiedere aiuto, presto!** *annaté a quiédéRé aïouto pRèsto*
Appelez la police!	**Chiamate la polizia!** *quiamaté la politsia*
Où est le commissariat/ l'hôpital le plus proche?	**Dov'è il posto di polizia/l'ospedale più vicino?** *dovè il posto di politsia/lospédalé piou vitchino*
J'ai perdu ma carte de crédit	**Ho perso la mia carta di credito** *o péRso la mia caRta di cRédito*
Mon fils/Mon sac a disparu	**Ho perso mio figlio/la mia borsa** *o péRso mio filyio/la mia boRsa*
On m'a volé mon passeport/ma montre	**Mi hanno rubato il passaporto/ l'orologio** *mi anno Roubato il passapoRto/loRolodjo*
J'ai oublié mon billet/mes clés	**Ho dimenticato il biglietto/le chiavi** *o dimennticato il bilyiétto/lé quiavi*

Voir aussi **ACCIDENTS, DENTISTE, MÉDECIN, PANNES**

Je fais une taille…	**Porto la misura…** *po**R**to la mi**zou**Ra…*
Pouvez-vous prendre mes mesures?	**Può prendermi le misure?** *pou**o** p**Renn**dé**R**mi lé mi**zou**Ré*
Puis-je essayer ce vêtement?	**Posso provare questo vestito?** *po**s**so p**R**ova**R**é cou**é**sto **vè**stito*
Puis-je le regarder à la lumière du jour?	**Posso vederlo alla luce?** *po**s**so vé**dé**R**lo al**la **lou**tché*
Où sont les cabines d'essayage?	**Dove sono gli spogliatoi?** *do**vé **so**no lyi spolyia**toï*
Y a-t-il un miroir?	**C'è uno specchio?** *tchè ouno **spè**cquio*
C'est trop grand	**È troppo grande** *è t**Ro**ppo g**Rann**dé*
C'est trop petit	**È troppo piccolo** *è t**Ro**ppo **pic**colo*
Qu'est-ce que c'est comme tissu?	**Che stoffa è?** *qué **stof**fa è*
Est-ce lavable?	**È lavabile?** *è la**va**bilé*
Ça ne me plaît pas	**Non mi piace** *nonn mi pia**tché***
Je n'aime pas la couleur	**Non mi piace il colore** *nonn mi pia**tché** il colo**Ré*

L'Italie est un grand producteur de vins et des noms tels que le Chianti ou le Frascati sont connus dans le monde entier. Le vin se boit à table mais aussi en apéritif. Les *osterie* et les *enoteche* qui sont des sortes de bars à vins servent du vin en tonneau et offrent une large sélection de vins italiens et étrangers.

Chaque région a ses vins; les plus connus sont les suivants :

> **Marsala** – vin de dessert de Sicile
>
> **Frascati** – vin blanc de la région de Rome
>
> **Verdicchio** – vin blanc sec des Marches
>
> **Chianti** et **Brunello di Montalcino** – vins rouges de Toscane
>
> **Lambrusco** – vin rouge mousseux d'Émilie-Romagne
>
> **Barolo, Barbera** et **Nebbiolo** – vins rouges secs du Piémont
>
> **Asti Spumante** – vin blanc mousseux du Piémont
>
> **Bardolino** et **Valpolicella** – vins rouges de la région de Vérone
>
> **Soave** – vin blanc de la région de Vérone

Les lettres **DOC** sur l'étiquette (**Denominazione di Origine Controllata**) correspondent à notre appellation d'origine contrôlée (AOC) et indiquent que ce vin a été fabriqué avec du raisin de très bonne qualité et qu'un contrôle a été effectué sur sa fabrication. Les très grands vins ont la dénomination **DOCG** (**Denominazione di Origine Controllata e Garantita**).

Lorsque vous êtes au restaurant, vous avez la possibilité de commander *il vino della casa* qui est servi en carafe et qui est souvent aussi bon que le vin en bouteille mais qui a l'avantage d'être meilleur marché. Vous pouvez toujours demander *una caraffa del vino della casa, una caraffa da mezzo litro* (une carafe d'un demi-litre) ou *una caraffa da un quarto* (une carafe d'un quart de litre).

Vous pouvez trouver à peu près tous les types d'alcools et de liqueurs en Italie. Si vous voulez essayer un alcool italien particulièrement fort, vous pouvez commander un verre de *grappa* qui est une eau-de-vie de raisin.

Nous aimerions prendre un apéritif

Vorremmo un aperitivo
voRRémmo oun apéRitivo

Pourrais-je avoir la carte des vins?

Potrei avere la lista dei vini?
potRéï avéRé la lista déï vini

Pouvez-vous nous recommander un bon vin rouge/vin blanc/rosé?

Ci può consigliare un buon vino rosso/ bianco/rosato?
tchi pouo connsilyiaRé oun bouonn vino Rosso/biannco/Rozato

Une bouteille/un pichet de la cuvée du patron

Una bottiglia/una caraffa di vino della casa
ouna bottilyia/ouna caRaffa di vino délla caza

Une demi-bouteille de…

Mezza bottiglia di…
mèddza bottilyia di…

Pourriez-vous apporter un autre verre, s'il vous plaît?

Potrebbe portare un altro bicchiere per favore?
potRébbé poRtaRé oun altRo bicquiéRé péR favoRé

Ce vin n'est pas assez frais

Questo vino non è stato messo al fresco
couésto vino nonn è stato mésso al fRèsco

Qu'est-ce que vous avez comme liqueurs?

Quali liquori avete?
couali licouoRi avété

Je prends un cognac/ un whisky/un gin tonic

Prendo un brandy/un whisky/un gin con acqua tonica
pRenndo oun bRanndi/oun ouisqui/oun djinn conn accoua tonica

Un Campari soda

Un Campari con seltz
oun cammpaRi conn sèlts

Voir aussi **BOISSONS, MENUS, RESTAURANT**

a : il/elle a ha *a*

à a *a*; **à six heures** alle sei *allé séï*

abbaye l'abbazia *abbatsia*

abricot l'albicocca *albicocca*

accélérateur l'acceleratore *(m)* *attchéléRatoRé*

accepter accettare *attchéttaRé*

accès l'accesso *attchèsso*

accident l'incidente *(m)* *inntchidennté*

accompagnement i contorni *conntoRni*

achat la compera *commpéRa*

acheter comprare *commpRaRé*

acompte l'acconto *acconnto*

activité l'attività *attivita*

adaptateur il riduttore *RidouttoRé*

adresse l'indirizzo *inndiRittso*

adulte l'adulto *adoulto*

aérogare il terminal *tèRminal*

aéroport l'aeroporto *aèRopoRto*

affaires gli affari *affaRi*; **mes affaires** la mia roba *la mia Roba*

affreux terribile *téRRibilé*

afin de per *péR*

âge l'età *éta*; **quel âge avez-vous?** quanti anni ha? *couannti anni a*

âgé de... di... anni *di... anni*

agence l'agenzia *adjènntsia*; **agence de voyages** l'agenzia di viaggi *adjènntsia di viaddji*

agenda il diario *diaRio*

agent : agent de police il poliziotto *politsiotto*

agneau l'agnello *agnèllo*

agrandissement l'ingrandimento *inngRanndimennto*

ai : j'ai ho *o*

aide l'aiuto *aïouto*

aider aiutare *aïoutaRe*

aiguille l'ago *ago*

ail l'aglio *alyio*

aimable gentile *djenntilé*

aimer : j'aime... mi piace... *mi piatché...*

air l'aria *aRia*; **en plein air** l'aria aperta *allaRia apèRta*

aire l'area *aRéa*; **aire de repos** l'area di riposo *aRéa di Ripozo*; **aire de stationnement** l'area di servizio *aRéa di sèRvitsio*

alcool l'alcool *(m)* *alcol*; **alcool à brûler** l'alcool denaturato *alcol dénatouRato*; **sans alcool** analcolico(a) *analcolico(a)*

alimentation : magasin d'alimentation il negozio di alimentari *négotsio di alimenntaRi*

aliments il cibo *tchibo*

Allemagne la Germania *djèRmania*

allemand tedesco(a) *tédèsco(a)*

aller andare *anndaRé*; **aller et retour** andata e ritorno *anndata é RitoRno*; **aller (simple)** andata *anndata*; **comment ça va?** come sta? *comé sta*

allumage l'accensione *(f)* *attchennsioné*

allumer accendere *attchenndéRé*

allumette il fiammifero *fiammiféRo*

alpinisme l'alpinismo *alpinismo*

amande la mandorla *manndoRla*

ambassade l'ambasciata *ammbachata*

amende la multa *moulta*

amer amaro(a) *amaRo(a)*

ameublement il mobilio *mobilio*

ami(e) l'amico(a) *amico(a)*; **petit ami/petite amie** il ragazzo/la ragazza *Ragattso/Ragattsa*

ampoule *(électrique)* la lampadina *lammpadina*; *(au pied)* la vescica *véchica*

amuser : s'amuser divertirsi *divèRtiRsi*

an l'anno *anno*

ananas l'ananas *(m)* *annanas*

anesthésie l'anestesia *annestesia*

anglais inglese *innglézé*

Angleterre l'Inghilterra *innguiltèRRa*

animal l'animale *(m)* *animalé*

année l'anno *anno*

anniversaire il compleanno *commpléanno*; **bon anniversaire!** buon compleanno! *bouonn commpléanno*

annuaire téléphonique la guida telefonica *gouida téléfonica*

annulation l'annullamento *lannoullamennto*

annuler annullare *annoullaRé*

anorak la giacca a vento *djacca a vennto*

antenne l'antenna *annténna*

antibiotique l'antibiotico *anntibiotico*

antigel l'antigelo *anntidjélo*

anti-insectes : crème anti-insectes l'insettifugo *innsettifougo*

antiquaire il negozio di antiquario *negotsio di annticouaRio*

antiquités l'antiquariato *annticouaRiato*

antiseptique l'antisettico *anntisèttico*

appareil l'apparecchio *appaRècquio*

appareil photo la macchina fotografica *macquina fotogRafica*

appartement l'appartamento *appaRtamennto*

appel la chiamata *quiamata*

appeler chiamare *quiamaRé*; **je m'appelle...** mi chiamo... *mi quiamo...*

appoint : faire l'appoint pagare con denaro contato *pagaRé conn dénaRo conntato*

apporter portare *poRtaRé*

apprendre imparare *immpaRaRé*

appuyer spingere *spinndjéRé*

après dopo *dopo*

après-midi il pomeriggio *poméRiddjo*

après-rasage il dopobarba *dopobaRba*

après-shampooing il balsamo *balsamo*

arbre l'albero *albéRo*

argent *(monnaie)* i soldi *soldi*; *(métal)* l'argento *aRdjennto*

arrêt la fermata *fèRmata*; **arrêt d'autobus** la fermata dell'autobus *fèRmata dellaoutobous*

arrêter fermare *fèRmaRé*; **arrêtez!** fermi! *fèRmi*

arrhes l'acconto *acconnto*

arrière posteriore *postéRioRé*

arrivée l'arrivo *aRRivo*

arriver arrivare *aRRivaRé*

artiste l'artista *aRtista*

ascenseur l'ascensore *(m)* *achennsoRé*

aspirateur l'aspirapolvere *(m)*
aspi**R**apol*véRé*

aspirine l'aspirina *aspiRina*

asseoir : s'asseoir sedere *sédéRé*

assez *(suffisamment)* abbastanza
abba**stann**tsa; *(plutôt)* piuttosto
piou**ttos**to; **assez de...** abbastanza...
abba**stann**tsa...

assiette il piatto *piatto*

assurance l'assicurazione *(f)*
assicou**R**atsio*né*;
assurance tous risques
l'assicurazione globale
assicou**R**atsio*né* glo**ba**lé;
assurance voyage l'assicurazione di
viaggio *assicouRatsioné di viaddjo*

assurer assicurare *assicouRaRé*

asthme l'asma *asma*

atomiseur lo spray *spRëï*

attacher attaccare *atta**cca**Ré*

attendre aspettare *aspètta**Ré*

attention l'attenzione *(f)*
attenntsio*né*; **attention!** attenzione!
attenntsio*né*

auberge : auberge de jeunesse
l'albergo della gioventù al**bèR**go
della djovenn**tou**

aucun nessun(a) *né**ssoun**(a)*

au-delà de al di là di *al di la di*

au-dessous de sotto *sotto*

au-dessus de sopra *sopRa*

aujourd'hui oggi *oddji*

au revoir arrivederla
a**RR**ivé**déR**la

aussi anche *annqué*; **moi aussi**
anch'io *annquio*

auto la macchina *ma**cqui**na*

autobus l'autobus *(m)* **aou**to**bous**

autocar il pullman *poulmann*

automne l'autunno *aoutounno*

automobiliste l'autista *(m/f) aoutista*

autorisé autorizzato(a)
aoutoRid**dza**to(a)

autoroute l'autostrada
aoutost**Ra**da

auto-stop l'autostop *(m) aoutostop*

autour de intorno a *inntoRno a*

autre altro(a) *alt**R**o(a)*

Autriche l'Austria *aoustRia*

avance : en avance in anticipo *inn
annt**i**chipo*

avant *(prep)* prima di *pR**i**ma di*;
(adv) prima *pR**i**ma*; **avant que**
prima che *pR**i**ma qué*

avec con *conn*

avertir avvisare *avvisaRé*

aveugle cieco(a) *tchiéco(a)*

avez : avez-vous... ? ha... ? a...

avion l'aereo *aèRéo*

avoir avere *avéRé*; **j'ai faim/soif** ho
fame/sete o *famé/**sété**; **j'ai chaud/
froid** ho caldo/freddo o *caldo/
fRèddo*

avons : nous avons... abbiamo...
abbiamo...

baby-sitter il/la baby-sitter *bébi-sitèR*

bac *(ferry)* il traghetto *tRaguètto*

bagages i bagagli *bagalyi*; **bagages à main** bagagli a mano *bagalyi a mano*

bague l'anello *annéllo*

baignade il bagno *bagno*

baigner : **se baigner** bagnarsi *bagnaRsi*

baignoire la vasca da bagno *vasca da bagno*

bain il bagno *bagno*

balcon il balcone *balconé*

balle la palla *palla*

ballet il balletto *il ballètto*

ballon la palla *palla*

banane la banana *banana*

banlieue la periferia *péRiféRia*

banque la banca *bannca*

bar il bar *baR*

barré sbarrato(a) *zbaRRato(a)*

bas basso(a) *basso(a)*; **en bas** giù *djou*

bas *(vêtement)* la calza *caltsa*

baskets le scarpe da ginnastica *scaRpé da djinnastica*

bateau la barca *baRca*; **bateau à moteur** il motoscafo *motoscafo*; **bateau à rames** la barca a remi *baRca a Rémi*; **bateau à voile** la barca a vela *baRca a véla*

bâtiment l'edificio *édifitcho*

batterie la batteria *battéRia*

battre colpire *colpiRé*

beau bello(a) *bèllo(a)*; **il fait beau** il tempo è bello *il temmpo è bèllo*

beaucoup molto *molto*; **beaucoup de** molto(a/i/e) *molto(a/i/e)*

bébé il/la bambino(a) *bambino(a)*

belge belga *bèlga*

Belgique il Belgio *bèldjo*

besoin : **avoir besoin de** avere bisogno di *avéRé bizogno di*

beurre il burro *bouRRo*

bibliothèque la biblioteca *bibliotèca*

bicyclette la bicicletta *bitchiclètta*

bien bene *béné*

bien sûr naturalmente *natouRalmennté*

bientôt presto *pRèssto*

bière la birra *biRRa*

bifteck la bistecca *bistècca*

bijouterie la gioielleria *djoïélléRia*

bijoux i gioielli *djoïèlli*

billet il biglietto *bilyiétto*; **billet aller et retour** il biglietto andata e ritorno *bilyiétto anndata é RitoRno*; **billet de banque** il biglietto di banca *bilyiétto di bannca*

biscuit il biscotto *biscotto*

blanc bianco(a) *biannco(a)*; *(de poulet)* il petto *pétto*

blanchisserie la lavanderia *lavanndéRia*

blessé ferito(a) *féRito(a)*

blesser : **se blesser** farsi male *faRsi malé*

bleu *(couleur)* blu *blou*; *(steak)* al sangue *al sanngoué*; *(sur la peau)* il livido *lívido*

bloc-notes il blocchetto *blocquétto*

blonde *(bière)* la chiara *quiaRa*

bœuf il manzo *manntso*

boire bere *béRé*

bois *(matière)* il legno *légno*

boisson la bibita *bibita*

boîte *(en carton)* la scatola *scatola*; *(de conserves)* la scatola *scatola*; **boîte à lettres** la buca delle lettere *bouca déllé léttéRé*; **boîte d'allumettes** la scatola di fiammiferi *scatola di fiammiféRi*; **boîte de nuit** il night *naïtt*

bol la scodella *scodélla*

bon buono(a) *bouono(a)*; *(coupon)* il buono *il bouono*

bonbon la caramella *caRamèlla*

bondé affollato(a) *affollato(a)*

bonjour buon giorno *bouonn djoRno*

bon marché a buon mercato *a bouonn mèRcato*

bonsoir buona sera *bouona séRa*

bord : à bord a bordo *a boRdo*; **bord de mer** la riva del mare *Riva del maRé*

botte lo stivale *stivalé*

bouche la bocca *bocca*

bouché bloccato(a) *bloccato(a)*

boucherie la macelleria *la matchélléRia*

boucles d'oreilles gli orecchini *oRécquini*

bouée la boa *boa*; **bouée de sauvetage** il salvagente *salvadjènnté*

bouger muovere *mouovéRé*

bougie *(auto)* la candela *canndéla*

bouillir bollire *bolliRé*

boulangerie la panetteria *panéttéRia*

bouquet *(de fleurs)* il bouquet *bouquè*

bout il pezzo *pèttso*; **à bout filtre** con filtro *conn filtRo*

bouteille la bottiglia *bottilyia*; **bouteille de gaz** la bombola del gas *bombola del gas*

boutique il negozio *négotsio*; **boutique de souvenirs** il negozio di articoli da regalo *négotsio di aRticoli da Régalo*; **boutique hors taxes** il duty free *diouti fRi*

bouton il bottone *bottoné*

bras il braccio *bRattcho*

briquet l'accendino *attchenndino*

broche la spilla *spilla*

brochure il dépliant *dépliann*

bronzage l'abbronzatura *abbRonndzatouRa*

bronzer abbronzarsi *abbRonndzaRsi*

brosse la spazzola *spattsola*; **brosse à cheveux** la spazzola per capelli *spattsola pèR capèlli*; **brosse à dents** lo spazzolino da denti *spattsolino da dennti*

brouillard la nebbia *nébbia*

bruit il rumore *RumoRé*

brûler bruciare *bRoutchaRé*

brun marrone *maRRoné*

bruyant rumoroso *RumoRoso*

bulletin : bulletin de consigne lo scontrino dei bagagli *sconntRino déï bagalyi*

bureau l'ufficio *ouffitcho*; **bureau de change** l'ufficio cambio *ouffitcho cammbio*; **bureau de location** il botteghino *bottéguino*; **bureau des objets trouvés** l'ufficio oggetti smarriti *ouffitcho oddjétti zmaRRiti*; **bureau de poste** l'ufficio postale

ouffitcho postalé; **bur...**
renseignements l'uf...
informazioni *ouff* **de tabac** la
innoRmatsioni ...éRia
tabaccheria *ta...*
buvette il chi... *quiosco*

ça quello *couéllo*
cabine la cabina *cabina*; **cabine d'essayage** il camerino *caméRino*; **cabine téléphonique** la cabina telefonica *cabina téléfonica*
cabinet . **cabinet médical/dentaire** lo studio medico/dentistico *stoudio mèdico/denntistico*; **cabinet de toilette** il gabinetto *gabinétto*
cacahuètes le arachidi *aRaquidi*
cacao il cacao *cacao*
cadeau il regalo *Régalo*
cafard lo scarafaggio *scaRafaddjo*
café (boisson) il caffè *caffè*; (lieu) il caffè *caffè*; **café crème** il caffè macchiato *caffè macquiato*; **café décaféiné** il caffè decaffeinato *caffè décafféïnato*; **café au lait** il caffelatte *caffélatté*; **café noir** il caffè nero *caffè néRo*; **café en poudre** il caffè solubile *caffè soloubilé*
caisse la cassa *cassa*
calendrier il calendario *calenndaRio*
...ion il camion *camionn*

campagne la campagna *cammpagna*
camping il campeggio *cammpéddjo*
Canada il Canada *canadà*
canadien canadese *canadézé*
canard l'anatra *anatRa*
canif il temperino *temmpéRino*
caoutchouc la gomma *gomma*
car il pullman *poulmann*
caravane la roulotte *Roulot*
cardigan il cardigan *caRdigann*
carnet il taccuino *taccouino*; **carnet de chèques** il libretto degli assegni *libRétto délyi asségni*
carotte la carota *caRota*
carrefour l'incrocio *inncRotcho*
carte la carta *caRta*; **carte d'abonnement** la tessera d'abbonamento *tèsséRa dabbonamennto*; **carte de crédit** la carta di credito *caRta di cRedito*; **carte grise** il libretto di circolazione *libRétto di tchiRcolatsioné*; **carte d'identité** la carta d'identità *caRta didenntita*; **carte du jour** il menù del giorno *ménou del djoRno*; **carte postale** la cartolina *caRtolina*; **carte routière** la cartina stradale *caRtina stRadalé*; **carte des vins** la lista dei vini *lista déï vini*; **carte de visite** il biglietto da visita *bilyiétto da vizita*
cartouche (de cigarettes) la stecca *stécca*
cas il caso *cazo*
caserne : **caserne des pompiers** la caserma dei vigili del fuoco *cazèRma déï vidjili del fouoco*
casquette il berretto *béRRétto*
cassé rotto(a) *Rotto(a)*

casse-croûte lo spuntino *spounntino*

casser rompere *RommpéRé*

casserole la padella *padèlla*

cassette la cassetta *cassétta*

cathédrale la cattedrale *cattédRalé*

catholique cattolico(a) *cattolico(a)*

cause : à cause de a causa di *a caouza di*

caution la cauzione *caoutsioné*

cave la cantina *canntina*

ce *(ici)* questo *couésto*; *(là)* quello *couéllo*

céder cedere *tchèdéRé*

CEE la CEE *tchèè*

ceinture la cintura *tchinntouRa*; **ceinture de sécurité** la cintura di sicurezza *tchinntouRa di sicouRéttsa*

cela quello *couéllo*

célibataire *(homme)* celibe *tchèlibé*; *(femme)* nubile *noubilé*

celle-ci questa *couésta*

celle-là quella *couélla*

celui-ci questo *couésto*

celui-là quello *couéllo*

cendrier il posacenere *il pozatchénéRé*

centre il centro *tchenntRo*; **centre commercial** il centro commerciale *tchenntRo commèRtchalé*; **centre hospitalier** il centro ospedaliero *tchenntRo ospédaliéRo*; **centre de sports et de loisirs** il centro sportivo *tchenntRo spoRtivo*; **centre-ville** il centro città *tchenntRo tchitta*

cerise la ciliegia *tchiliédja*

ces *(ici)* questi(e) *couésti(é)*; *(là)* quelli(e) *couélli(e)*

c'est è è

cette *(ici)* qu... couélla ...uésta; *(là)* quella

ceux-ci questi...

ceux-là quelli...

chaîne la caten... ...téna

chaise la sedia ...dia; **chaise longue** la sedia a sdrai... *sèdia a zdRaïo*

chambre la came... caméRa; **chambre à couche...** la camera da letto *caméRa da lètto*; **chambre individuelle** la camera singola *caméRa sinngola*; **chambre double** la camera doppia *caméRa doppia*

champ il campo *cammpo*; **champ de courses** il terreno da corsa *téRRéno da coRsa*

champignon il fungo *founngo*

chandail il pullover *poulovèR*

change il cambio *cammbio*

changer cambiare *cammbiaRé*; **se changer** cambiarsi *cammbiaRsi*; **changer de train** cambiare treno *cammbiaRé tRèno*

chanson la canzone *canntsoné*

chanter cantare *canntaRé*

Chantilly *(crème)* la panna montata *panna montata*

chapeau il cappello *cappèllo*

chaque ogni *ogni*

chariot il carrello *caRRèllo*

chasse la caccia *cattcha*

château il castello *castèllo*

chaud caldo(a) *caldo(a)*; **j'ai chaud** ho caldo o *caldo*; **il fait chaud** fa caldo *fa caldo*

chauffage il riscaldamento *Riscaldamennto*

chauffe-eau lo scaldabagno *scaldabagno*

chaussettes i calzini *caltsini*

chaussures le scarpe *scaRpé*

chemin la strada *stRada*

chemin de fer la ferrovia *féRRovia*

chemise la camicia *camitcha*

chemisier la camicetta *camitchétta*

chèque l'assegno *asségno*; **chèque postal** l'assegno postale *asségno postalé*; **chèque de voyage** il traveller's cheque *tRavlèRz chèque*

chéquier il libretto degli assegni *libRétto délyi asségni*

cher *(prix)* caro(a) *caRo(a)*

chercher cercare *tchèRcaRé*

cheval il cavallo *cavallo*

cheveux i capelli *capélli*

cheville la caviglia *cavilyia*

chewing-gum il chewing gum

chez da *da*

chien il cane *cané*

chocolat la cioccolata *tchoccolata*; **chocolat chaud** la cioccolata calda *tchoccolata calda*

choisir scegliere *chélyiéRé*

choix la scelta *chèlta*

chose la cosa *coza*

chou il cavolo *cavolo*

chou-fleur il cavolfiore *cavolfioRé*

choux de Bruxelles i cavoletti di Bruxelles *cavolétti di bRoucsèl*

chute la caduta *cadouta*

ciel il cielo *tchièlo*

cigare il sigaro *sigaRo*

cigarette la sigaretta *sigaRétta*

cinéma il cinema *tchinéma*

cintre la gruccia *gRouttcha*

cirage il lucido da scarpe *loutchido da scaRpé*

circulation il traffico *tRaffico*

ciseaux le forbici *foRbitchi*

citron il limone *limoné*; **citron pressé** la spremuta di limone *la spRémouta di limoné*; **citron vert** il limone verde *limoné véRdé*

clair chiaro(a) *quiaRo(a)*; **vert clair** verde chiaro *véRdé quiaRo*

classe la classe *classé*; **première/deuxième classe** prima/seconda classe *pRima/séconnda classé*

clé la chiave *quiavé*; **clé anglaise** la chiave inglese *quiavé innglézé*; **clé minute** la chiave al minuto *quiavé al minouto*

clignotant l'indicatore *(m)* *inndicatoRé*

climat il clima *clima*

climatisation il condizionamento dell'aria *connditsionamennto déllaRia*

climatisé climatizzato(a) *climatiddzato(a)*

clinique la clinica *clinica*

clou il chiodo *quiodo*

cœur il cuore *couoRé*

coffre *(auto)* il bagagliaio *bagalyiaïo*

coffre-fort la cassaforte *cassafoRté*

cognac il cognac

coiffeur il parrucchiere *paRRouquiéRé*

col *(de chemise)* il colletto *collétto*; *(en montagne)* il passo *passo*

colis il pacco *pacco*

collants il collant *collann*

colle la colla *colla*

collier la collana *collana*

combien quanto(a/i/e) *couannto(a/i/é)*

commander ordinare *oRdinaRé*

comme come *comé*

comment come *comé*; *(pardon?)* prego? *pRégo*

commissariat de police il commissariato di polizia *commissaRiato di politsia*

communication : **communication interurbaine/urbaine** la comunicazione interurbana/locale *comunicatsioné inntèRouRbana/localé*

compagnie la compagnia *commpagnia*; **compagnie aérienne** la compagnia aerea *commpagnia aèRéa*

compartiment lo scompartimento *scommpaRtimennto*; **compartiment fumeurs/non fumeurs** lo scompartimento fumatori/non fumatori *scommpaRtimennto foumatoRi/nonn foumatoRi*

complet completo(a) *commplèto(a)*

compliqué complicato(a) *commplicato(a)*

comprendre capire *capiRé*; **je ne comprends pas** non capisco *nonn capisco*

compris compreso(a) *commpRézo(a)*; **tout compris** tutto compreso *toutto commpRézo*

comptant il contante *conntannté*

compte il conto *connto*

compteur il contatore *conntatoRé*

concert il concerto *connttchèRto*

concessionnaire il concessionario *conntchéssionaRio*

conducteur l'autista *(m/f)* *aoutista*

conduire guidare *gouidaRé*

confirmer confermare *connfèRmaRé*

confiserie la confetteria *connféttéRia*

confiture la marmellata *maRméllata*

congélateur il congelatore *conndjélatoRé*

connaître conoscere *conochéRé*

conseiller consigliare *connsilyiaRé*

consigne il deposito *dépozito*; **consigne automatique** il deposito automatico *dépozito aoutomatico*

consommation il consumo *connsoumo*

constipé stitico(a) *stitico(a)*

consulat il consolato *connsolato*

content contento(a) *conntennto(a)*

contraceptif il contraccettivo *conntRRatchèttivo*

contraire contrario(a) *conntRaRio(a)*

contravention la multa *moulta*

contre contro *conntRo*

contrôle il controllo *conntRollo*

coquetier il portauovo *poRta-ouovo*

coquillages i frutti di mare *fRoutti di maRé*

corde la corda *coRda*

corps il corpo *coRpo*

correct esatto(a) *ézatto(a)*

correspondance *(train)* la coincidenza *coinntchidenntsa*

costume *(d'homme)* il completo *commmplèto*

côte *(anatomie)* la costola *costola*

côté il lato *lato*; **à côté de** vicino a *vitchino a*

côtelette la costoletta *costolétta*

coton il cotone *cotoné*; **coton hydrophile** il cotone idrofilo *cotoné idRofilo*

cou il collo *collo*

couchage : sac de couchage il sacco a pelo *sacco a pélo*

couche *(de bébé)* il pannolino *pannolino*

coucher : se coucher coricarsi *coRicaRsi*

couchette la cuccetta *coutchétta*

coudre cucire *coutchiKé*

couleur il colore *coloRé*

couloir il corridoio *coRRidoïo*

coup il colpo *colpo*; **coup de soleil** il colpo di sole *colpo di solé*

coupe il taglio *talyio*; **coupe de cheveux** il taglio di capelli *talyio di capélli*

couper tagliare *talyiaRé*

coupure de courant l'interruzione *(f)* della corrente *inntèRRoutsioné délla coRRennté*

courant la corrente *coRRennté*; *(adj)* corrente *coRRennté*

courrier la posta *posta*

courroie du ventilateur la cinghia della ventola *tchinnguia délla venntola*

cours du change il tasso di cambio *tasso di cammbio*

court corto(a) *coRto(a)*

cousin(e) il/la cugino(a) *coudjino(a)*

couteau il coltello *coltèllo*

coûter costare *costaRé*; **ça coûte combien?** quanto costa? *couannto costa*

couvert il coperto *copèRto*; *(adj)* coperto(a) *copèRto(a)*

couverture la coperta *copèRta*

crampe il crampo *cRammpo*

cravate la cravatta *cRavatta*

crayon la matita *matita*

crème la crema *cRèma*; **crème fouettée** la panna montata *panna monntata*

crêpe la crêpe *cRèp*

crevaison la foratura *foRatouRa*

crevette il gamberetto *gammbéRétto*

croisière la crociera *cRotchiéRa*

crustacés i crostacei *cRostatchëï*

cuillère il cucchiaio *coucquiaïo*

cuir il cuoio *couoïo*

cuisiner cucinare *coutchinaRé*

cuisinière la cucina *coutchina*

cuit cotto(a) *cotto(a)*; **bien cuit** ben cotto *benn cotto*; **mal cuit** poco cotto *poco cotto*; **trop cuit** troppo cotto *tRoppo cotto*

d'abord prima *pRima*
d'accord d'accordo *d'accoRdo*
danger pericolo *péRicolo*
dangereux pericoloso *péRicolozo*
dans in *inn*
danser ballare *ballaRé*
date la data *data*
de *(mouvement)* da *da*;
  (possession) di *di*
début l'inizio *initsio*
débutant il/la principiante
  pRinntchipiannté
décaféiné decaffeinato *décafféïnato*
décapsuleur l'apribottiglie
  apRibottilyié
déclarer : rien à déclarer niente da
  dichiarare *niennté da diquiaRaRé*
décollage il decollo *décollo*
déçu deluso(a) *délouzo(a)*
défaut il difetto *difétto*
défendu vietato(a) *viétato(a)*
dégâts i danni *danni*
dégivrer *(frigo)* sgelare *zdjélaRé*;
  (vitres) liberare dal ghiaccio
  libéRaRé dal guiatcho
dégustation *(de vin)* la
  degustazione di vino
  dégoustatsioné di vino
dehors fuori *fouoRi*
déjà già *dja*
déjeuner il pranzo *pRanntso*; **petit
  déjeuner** la prima colazione *pRima
  colatsioné*
délicieux delizioso(a) *délitsiozo(a)*
demain domani *domani*
demander chiedere *quiédéRé*
démangeaison il prurito *pRouRito*
démaquillant il detergente
  détèRdjennté

demi mezzo(a) *mèddzo(a)*; **un demi**
  (de bière) una birra *ouna biRRa*
demi-heure la mezz'ora *mèddzoRa*
demi-pension la mezza pensione
  mèddza penntsioné
dent il dente *dennté*
dentier la dentiera *denntièRa*
dentifrice il dentifricio
  denntifRitcho
dentiste il/la dentista *denntista*
déodorant il deodorante
  déodoRannté
départ la partenza *paRtenntsa*
dépêcher : **dépêchez-vous!** si
  sbrighi! *si zbRigui*
dépliant il dépliant *dépliann*
depuis da *da*; **depuis que** da quando
  da couanndo
déranger : **ça vous dérange si... ?** le
  dispiace se... ? *lé dispiatché sé...*
déraper scivolare *chivolaRé*
dernier ultimo(a) *oultimo(a)*; **la
  semaine dernière** la settimana
  scorsa *la settimana scoRsa*
derrière dietro *diétRo*
descendre scendere *chenndéRé*
désinfectant il disinfettante
  disinnféttannté
désolé : **je suis désolé** mi dispiace
  mi dispiatché
dessert il dessert *desseRt*
dessous sotto *sotto*
dessus sopra *sopRa*
détendre : **se détendre** rilassarsi
  RilassaRsi
deux due *doué*; **tous les deux** tutti(e)
  e due *toutti(é) é doué*
deuxième secondo(a) *seconndo(a)*

devant davanti a *davannti a*

devoir dovere *dovéRé*

diabétique diabetico *diabético*

diapositive la diapositiva *diapozitiva*

diarrhée la diarrea *diaRRèa*

dictionnaire il dizionario *ditsionaRio*

diététique dietetico(a) *diétètico(a)*

difficile difficile *diffitchilé*

dîner la cena *tchéna*; *(verbe)* cenare *tchénaRé*

dire dire *diRé*

direct diretto(a) *diRètto(a)*; **train direct** il treno diretto *tRèno diRètto*

directeur il direttore *diRèttoRé*

direction *(sens)* la direzione *diRètsioné*

disque *(musique)* il disco *disco*

distractions i divertimenti *divèRtimennti*

divorcé divorziato(a) *divoRtsiato(a)*

dommage : c'est dommage è un peccato *è ounn péccato*

donner dare *daRé*

dormir dormire *doRmiRé*

dos la schiena *squièna*

douane la dogana *dogana*

doubler sorpassare *soRpassaRé*

douche la doccia *dottcha*

douleur il dolore *doloRé*

douzaine la dozzina *dottsina*

drap il lenzuolo *lenntsouolo*

droguerie il negozio di ferramenta *négotsio di féRRamennta*

droit *(opposé à gauche)* destro(a) *déstRo(a)*; **à droite** a destra *a dèstRa*; **tout droit** sempre diritto *semmpRé diRitto*

dur duro(a) *douRo(a)*

durée la durata *douRata*

duvet il piumone *pioumoné*

eau l'acqua *accoua*; **eau de Javel** la varechina *vaRéquina*; **eau minérale** l'acqua minerale *accoua minéRalé*; **eau potable** l'acqua potabile *accoua potabilé*

échanger scambiare *scammbiaRé*

échantillon il campione *cammpioné*

écharpe la sciarpa *chaRpa*

école la scuola *scouola*

écouteur il ricevitore *RitchévitoRé*

écrire scrivere *scRivéRé*

écrou il dado *dado*

église la chiesa *quiéza*

élastique l'elastico *élastico*

électricité l'elettricità *éléttRitchita*

électrique elettrico(a) *éléttRico(a)*

elle lei *léï*

elles loro *loRo*

emballage l'imballaggio *immballaddjo*

embarquement l'imbarco
immbaRco; **carte d'embarquement**
la carta d'imbarco *caRta
d'immbaRco*

embouteillage l'ingorgo *inngoRgo*

embrayage la frizione *fRitsioné*

emporter portare via *poRtaRé via*;
à emporter da portar via *da poRtaR
via*

en in *inn*; **en voiture** in macchina
inn macquina

en-cas lo spuntino *spounntino*

enceinte incinta *intchinnta*

enchanté! piacere (di conoscerla)
piatchéRé (di conochèRla)

encore ancora *anncoRa*

endroit *(lieu)* il luogo *louogo*

enfant il/la bambino(a)
bammbino(a)

ennuyeux noioso(a) *noïozo(a)*

**enregistrement : enregistrement des
bagages** la registrazione dei
bagagli *RédjistRatsioné déï bagalyi*

enregistrer *(bagages)* registrare
RédjistRaRé

enrhumé raffreddato(a)
RaffRéddato(a)

ensemble insieme *innsiémé*

entendre sentire *senntiRé*

entier intero(a) *inntèRo(a)*

entre tra *tRa*; fra *fRa*

entrée l'entrata *enntRata*

entremets i dolci *doltchi*

entrer entrare *enntRaRé*

enveloppe la busta *bousta*

environ circa *tchiRca*

environs i dintorni *dinntoRni*

envoyer mandare *manndaRé*

épais spesso(a) *spésso*

épicerie *(magasin)* il negozio di
alimentari *négotsio di alimenntaRi*

épingle lo spillo *spillo*; **épingle de
nourrice** lo spillo di sicurezza
spillo di sicouRéttsa

épouse la sposa *spoza*

équitation l'equitazione *(f)*
écouitatsioné

erreur lo sbaglio *zbalyio*

escale lo scalo *scalo*

escalier la scala *scala*; **escalier
roulant** la scala mobile *scala
mobilé*

espace lo spazio *spatsio*

Espagne la Spagna *spagna*

essayer provare *pRovaRé*

essence la benzina *benndzina*

essuie-glace il tergicristallo
tèRdjicRistallo

est *(direction)* l'est *(m)* *èst*

estomac lo stomaco *stomaco*

et e *é*

étage il piano *piano*

été l'estate *(f)* *éstaté*

éteindre spegnere *spégnéRé*

êtes : vous êtes siete *siété*;
(politesse) Lei è *léï* è

étiquette l'etichetta *étiquétta*

étoile la stella *stélla*

étranger straniero(a)
stRanièRo(a); **à l'étranger** all'estero
all'èstéRo

être essere *èsséRé*

étudiant(e) lo studente /la
studentessa *stoudennté/
stoudenntéssa*

Europe l'Europa *éouRopa*

eux loro *loRo*

évanouir : s'évanouir svenire *zvéniRé*

excédent de bagages il bagaglio in eccedenza *bagalyio inn étchédenntsa*

excellent ottimo(a) *ottimo(a)*

excursion l'escursione *(f) éscouRtsioné*; la gita *djita*

excuser : excusez-moi mi scusi *mi scouzi*

expliquer spiegare *spiégaRé*

exposition la mostra *mostRa*

exprès apposta *apposta*; **par exprès** espresso *éspRèsso*

express *(café)* l'espresso *éspRèsso*; *(train)* l'espresso *éspRèsso*

extincteur l'estintore *(m) èstinntoRé*

face : **en face de** di fronte a *di fRonnté a*

facile facile *fatchilé*

facture la fattura *fattouRa*

faim la fame *famé*; **avoir faim** avere fame *avéRé famé*

faire fare *faRé*; **ça ne fait rien** non importa *nonn immpoRta*

falloir : **il faut** bisogna *bizogna*

famille la famiglia *familyia*

farine la farina *faRina*

fatigué stanco(a) *stannco(a)*

faute : **c'est de ma faute** è colpa mia *è colpa mia*

fauteuil la poltrona *poltRona*; **fauteuil roulant** la sedia a rotelle *sèdia a Rotèllé*

faux falso(a) *falso(a)*

félicitations! congratulazioni! *conngRatoulatsioni*

femme la donna *donna*; *(épouse)* la moglie *molyié*; **femme de chambre** la cameriera *caméRièRa*

fenêtre la finestra *finèstRa*

fer il ferro *fèRRo*; **fer à repasser** il ferro da stiro *fèRRo da stiRo*

fermé chiuso(a) *quiouzo(a)*

fermer chiudere *quioudéRé*; **fermer à clé** chiudere a chiave *quioudéRé a quiavé*

fermeture Éclair ® la cerniera (lampo) *tchèRnièRa (lammpo)*

ferry il traghetto *tRaguétto*

fête la festa *fèsta*

feu il fuoco *fouoco*; **feux (tricolores)** il semaforo *sémafoRo*

feuille la foglia *folyia*; **feuille de papier** il foglio di carta *folyio di caRta*

fiancé fidanzato(a) *fidanntsato(a)*

ficelle lo spago *spago*

fiche horaire l'orario *oRaRio*

fièvre la febbre *fèbbRé*

filet *(de viande etc.)* il filetto *filétto*

fille *(jeune fille)* la ragazza *Ragattsa*; *(parenté)* la figlia *filyia*

film il film *film*; **film couleurs** il film a colori *film a coloRi*

fils il figlio *filyio*

fin la fine *finé*

finir finire *finiRé*

flash il flash *flach*

fleur il fiore *fioRé*

fleuriste il/la fiorista *fioRista*

fleuve il fiume *fioumé*

foie il fegato *fégato*

foire la fiera *fiéRa*

fois la volta *volta*; **une fois** una volta *ouna volta*

fonctionner funzionare *fountsionaRé*

fond il fondo *fonndo*

forêt il bosco *bosco*

formulaire il modulo *modoulo*

fort forte *foRté*

fourchette la forchetta *foRquétta*

fragile fragile *fRadjilé*

frais fresco(a) *fRésco(a)*

fraise la fragola *fRagola*

framboise il lampone *lammponé*

français francese *fRanntchézé*

France la Francia *fRanntcha*

frein il freno *fRéno*; **frein à main** il freno a mano *fRéno a mano*

frère il fratello *fRatèllo*

frites le patate fritte *pataté fRitté*

froid freddo(a) *fRéddo(a)*; **j'ai froid** ho freddo *o fRéddo*; **il fait froid** fa freddo *fa fRéddo*

fromage il formaggio *foRmaddjo*

frontière la frontiera *fRonntiéRa*

fruit il frutto *fRoutto*; **fruits de mer** i frutti di mare *fRoutti di maRé*

fuite (d'eau etc.) la perdita *pèRdita*

fumée il fumo *foumo*

fumer fumare *foumaRé*

fumeur il fumatore *foumatoRé*

galerie (d'art) la galleria d'arte *galléRia daRté*; (sur une voiture) il portapacchi *poRtapacqui*

gant il guanto *gouannto*

garage il garage *gaRadj*

garantie la garanzia *gaRanntsia*

garçon il ragazzo *Ragattso*; (serveur) il cameriere *caméRièRé*

garde : **pharmacie/médecin de garde** la farmacia/il medico di turno *faRmatchia/mèdico di touRno*

gare la stazione *statsioné*; **gare routière** la stazione di autolinee *statsioné di aoutoliné-é*

garer parcheggiare *paRquéddjaRé*; **se garer** parcheggiare *paRquéddjaRé*

garniture il contorno *conntoRno*

gas-oil il gasolio *gazolio*

gâteau il dolce *doltché*

gauche sinistro(a) *sinistRo(a)*; **à gauche** a sinistra *a sinistRa*

gaz il gas *gas*

gel (temps) il gelo *djélo*

genou il ginocchio *djinocquio*

gens la gente *djennté*

gentil gentile *djenntilé*

gibier la selvaggina *sélvaddjina*

gilet il gilè *djilè*; **gilet de sauvetage** il giubbotto di salvataggio *djoubbotto di salvataddjo*

glace (eau gelée) il ghiaccio *guiattcho*; (dessert) il gelato *djélato*; (miroir) lo specchio *spècquio*

glaçon il cubetto di ghiaccio *coubétto di guiattcho*; **avec des glaçons** con ghiaccio *conn guiattcho*

gorge la gola *gola*

goût il gusto *gousto*; *(saveur)* il sapore *sapoRé*

goûter assaggiare *assaddjaRé*

grand grande *gRanndé*

Grande-Bretagne la Gran Bretagna *gRann bRétagna*

grande surface il supermercato *soupéRméRcato*

grand magasin il grande magazzino *gRanndé magattsino*

gratis gratis *gRatis*

gratuit gratuito(a) *gRatouito(a)*

grave grave *gRavé*

grève lo sciopero *chopéRo*; **en grève** in sciopero *inn chopéRo*

grillé alla griglia *alla gRilyia*

grippe l'influenza *innflouenntsa*

gris grigio(a) *gRidjo(a)*

gros grosso(a) *gRosso(a)*

groupe il gruppo *gRouppo*; **groupe sanguin** il gruppo sanguigno *gRouppo sanngouigno*

guêpe la vespa *véspa*

guichet lo sportello *spoRtèllo*

guide *(livre)* la guida *gouida*; *(accompagnateur)* la guida *gouida*

habiter abitare *abitaRé*

habituel solito(a) *solito(a)*

handicapé handicappato(a) *anndicappato(a)*

haricots i fagioli *fadjoli*

haut alto(a) *alto(a)*; **en haut** *(mouvement)* su *sou*; *(position)* di sopra *di sopRa*

hauteur l'altezza *altèttsa*

hébergement l'alloggio *alloddjo*

heure l'ora *oRa*; **quelle heure est-il?** che ore sono? *qué oRé sono*; **à l'heure** in orario *inn oRaRio*

hier ieri *iéRi*

hiver l'inverno *innvèRno*

homard l'aragosta *aRagosta*

homme l'uomo *ouomo*

hôpital l'ospedale *ospédalé*

horaire l'orario *oRaRio*

hors de fuori di *touoRi di*

hors-d'œuvre gli antipasti *anntipasti*

hors taxes esente da dogana *ézennté da dogana*

hôtel l'albergo *albèRgo*

huile l'olio *olio*; **huile solaire** l'olio solare *olio solaRé*

huître l'ostrica *ostRica*

humide umido(a) *oumido(a)*

ici qui *coui*
il lui *loui*
île l'isola *izola*
ils loro *loRo*
immédiatement immediatamente *immédiatamennté*
imperméable l'impermeabile *(m) immpèRméabilé*
important importante *immpoRtannté*
impossible impossibile *immpossibilé*
incendie l'incendio *inntchenndio*
inclure includere *inncloudéRé*
indications le indicazioni *inndicatsioni*
indigestion la dispepsia *dispèpsia*
infection l'infezione *(f) innfétsioné*
informations le informazioni *innfoRmatsioni*
infusion l'infusione *(f) innfouzioné*
instantané istantaneo(a) *istanntanéo(a)*
insuline l'insulina *innsoulina*
interdit vietato(a) *viétato(a)*
intéressant interessante *inntéRéssannté*
intérieur : à l'intérieur dentro *denntRo*
intoxication alimentaire l'intossicazione *(f)* alimentare *inntossicatsioné alimenntaRé*
introduire introdurre *inntRodouRRé*
inviter invitare *innvitaRé*
Italie l'Italia *italia*
italien italiano(a) *italiano(a)*
itinéraire l'itinerario *itinéRaRio*

jamais mai *maï*
jambe la gamba *gammba*
jambon il prosciutto *pRochoutto*
jardin il giardino *djaRdino*
jaune giallo(a) *djallo(a)*
je io *io*
jeter gettare *gettaRé*; **à jeter** da buttare *da bouttaRé*
jeu il gioco *djoco*
jeune giovane *djované*
joli carino(a) *caRinno(a)*
jouer giocare *djocaRé*
jour il giorno *djoRno*
journal il giornale *djoRnalé*
journée la giornata *djoRnata*
juif ebreo(a) *ébRéo(a)*
jupe la gonna *gonna*
jus il succo *soucco*;
 jus de citron il succo di limone *soucco di limoné*;
 jus de pomme il succo di mela *soucco di méla*;
 jus d'orange il succo d'arancia *soucco daRanntcha*
jusqu'à fino a *fino a*

kilo il chilo *quilo*

kilométrage il chilometraggio *quilométRaddjo*

kilomètre il chilometro *quilométRo*

Klaxon ® il Klacson ® *clacsonn*

Kleenex ® il Kleenex ® *clînècss*

K-way ® il K-way ® *quèïouèï*

là là *la*

là-bas laggiù *ladjou*

lac il lago *lago*

lacet il laccio *lattcho*

laine la lana *lana*; **en laine** di lana *di lana*

laisser lasciare *lachaRé*; **laisser un message** lasciare un messaggio *lachaRé oun méssaddjo*

lait il latte *latté*; **lait démaquillant** il latte detergente *latté détèRdjennté*; **lait solaire** il latte solare *latté solaRé*

laitages i latticini *lattitchini*

laitue la lattuga *lattouga*

lame de rasoir la lametta da barba *lamétta da baRba*

lampe la lampada *lammpada*; **lampe de poche** la torcia elettrica *toRtcha éléttRica*

landau la carrozzina *caRRottsina*

langue la lingua *linngoua*

lard il lardo *laRdo*

large largo(a) *laRgo(a)*

lavable lavabile *lavabilé*

lavabo il lavabo *lavabo*; **lavabos** il gabinetto *gabinétto*

laver lavare *lavaRé*

laverie automatique la lavanderia automatica *lavanndéRia aoutomatica*

lave-vaisselle *(liquide)* il detersivo per i piatti *détèRsivo pèR i piatti*; *(machine)* la lavastoviglie *lavastovilyié*

leçon la lezione *létsioné*

léger leggero(a) *léddjèRo(a)*

légumes la verdura *véRdouRa*

lent lento(a) *lennto*

lentement lentamente *lenntamennté*

lentilles le lenticchie *lennticquié*; **lentilles de contact** le lenti a contatto *lennti a conntatto*

lessive *(activité)* il bucato *boucato*; *(poudre)* il detersivo *détèRsivo*

lettre la lettera *léttéRa*; **lettre recommandée** la lettera raccomandata *léttéRa Raccomanndata*

lever : **se lever** alzarsi *altsaRsi*

librairie la libreria *libRéRia*

libre libero(a) *libéRo(a)*

lieu il luogo *louogo*

lime à ongles la lima per le unghie *lima pèR lé ounnguié*

limitation de vitesse il limite di velocità *limité di vélotchita*

linge *(à laver)* il bucato *boucato*

liquide de freins l'olio per i freni *lolio péR i fRéni*

liste la lista *lista*; **liste d'attente** la lista d'attesa *lista dattéza*

lit il letto *lètto*; **grand lit** il letto matrimoniale *lètto matRimonialé*; **lit d'une personne** il letto a una piazza *lètto a ouna piattsa*

litre il litro *litRo*

livraison consegna *connségna*

livre *(à lire)* il libro *libRo*; *(poids)* la libbra *libbRa*

location il noleggio *noléddjo*

logement l'alloggio *alloddjo*

loger alloggiare *alloddjaRé*

loin lontano(a) *lonntano(a)*

long lungo(a) *lounngo(a)*; **le long de** lungo *lounngo*

longtemps molto tempo *molto temmpo*

longueur la lunghezza *lounnguéttsa*

louer noleggiare *noléddjaRé*

lourd pesante *pézannté*

loyer l'affitto *affitto*

lui lui *loui*

lumière la luce *loutché*

lune la luna *louna*

lunettes gli occhiali *occhiali*; **lunettes de soleil** gli occhiali da sole *occhiali da solé*

ma il mio/la mia *il mio/la mia*

machine à laver la lavatrice *lavatRitché*

Madame Signora *signoRa*

Mademoiselle Signorina *signoRina*

magasin il negozio *négotsio*

magazine la rivista *Rivista*

magnétophone il registratore *RédjistRatoRé*

magnétoscope il videoregistratore *vidéoRédjistRatoRé*

maillot de bain il costume da bagno *costoumé da bagno*

main la mano *mano*; **fait main** fatto a mano *fatto a mano*

maintenant adesso *adèsso*

mairie il municipio *mounitchipio*

mais ma *ma*

maison la casa *caza*; **à la maison** a casa *a caza*

mal male *malé*; **j'ai mal** mi fa male *mi fa malé*; **mal aux dents** il mal di denti *mal di dennti*; **mal de mer** il mal di mare *mal di maRé*; **mal de tête** il mal di testa *mal di tèsta*

malade ammalato(a) *ammalato(a)*

manche la manica *manica*

manger mangiare *manndjaRé*

manteau il cappotto *cappotto*

maquillage il trucco *tRoucco*

marchand de journaux il giornalaio *djoRnalaïo*

marche : la marcia *maRtcha*; **marche arrière** la retromarcia *RétRomaRtcha*

marché il mercato *méRcato*

marcher *(se promener)* camminare *camminaRé*; *(fonctionner)* funzionare *fountsionaRé*

marée la marea *maRéa*; **marée basse** la bassa marea *bassa maRéa*; **marée haute** l'alta marea *alta maRéa*

margarine la margarina *maRgaRina*

mari il marito *maRito*

marié sposato(a) *spozato(a)*

marque la marca *maRca*

marron marrone *maRRoné*

marteau il martello *maRtèllo*

mascara il mascara *mascaRa*

matelas il materasso *matéRasso*

matin la mattina *mattina*

matinée la mattinata *mattinata*

mauvais cattivo(a) *cattivo(a)*

mécanicien il meccanico *méccanico*

médecin il medico *mèdico*; **médecin spécialiste** lo/la specialista *spétchalista*

médicament la medicina *méditchina*

meilleur migliore *milyioRé*

même anche *annqué*; **le/la même** lo/la stesso(a) *lo/la stésso*

menu il menù *ménou*

mer il mare *maRé*

merci grazie *gRatsié*

mère la madre *madRé*

mes i miei/le mie *i miéï/lé mié*

message il messaggio *méssaddjo*

messe la messa *méssa*

météo le previsioni del tempo *lé pRévizioni del temmpo*

métier il mestiere *méstiéRé*

métro la metropolitana *métRopolitana*

mettre mettere *méttéRé*

meubles i mobili *mobili*

midi mezzogiorno *mèddzodjoRno*

miel il miele *miélé*

mieux meglio *mélyio*

milieu il centro *tchènntRo*; mezzo *mèddzo*

minuit mezzanotte *mèddzanotté*

miroir lo specchio *spècquio*

mixte misto(a) *misto(a)*

moins meno *méno*

mois il mese *mézé*

moitié la metà *méta*

mon il mio/la mia *il mio/la mia*

monde il mondo *monndo*; **tout le monde** tutti *toutti*

monnaie gli spiccioli *spittcholi*; **faire la monnaie** cambiare *cammbiaRé*

Monsieur Signore *signoRé*

montagne la montagna *monntagna*

montant *(somme)* la somma *somma*

monter salire *saliRé*

montre l'orologio da polso *oRolodjo da polso*

montrer far vedere *faR védéRé*

monument il monumento *monoumennto*

morceau il pezzo *pèttso*

morsure il morso *moRso*

mort morto(a) *moRto(a)*

mot la parola *paRola*

moteur il motore *motoRé*

moto la moto *moto*

mouche la mosca *mosca*

mouchoir il fazzoletto *fattsolétto*; **mouchoir en papier** il fazzoletto di carta *fattsolétto di caRta*

mouillé bagnato(a) *bagnato(a)*

moules le cozze *cottsé*

mousse la schiuma *squiouma;*
mousse à raser la schiuma da
barba *squiouma da baRba*

moustique la zanzara
dzanndzaRa

moutarde la senape *sénapé*

moyen medio(a) *mèdio(a)*

mur il muro *mouRo*

mûr maturo(a) *matouRo(a)*

mûre la mora *moRa*

musée il museo *mouzéo;* **musée
d'art** la galleria d'arte *galléRia
daRté*

musique la musica *mouzica*

musulman musulmano(a)
mousoulmano(a)

myope miope *miopé*

nager nuotare *nouotaRé*

natation il nuoto *nouoto*

nature *(thé)* al naturale *al natouRalé;*
(café) il caffè liscio *caffè licho*

navette la navetta *navètta*

ne… pas non… *nonn…*

né(e) nato(a) *nato(a)*

nécessaire necessario(a)
nétchéssaRio(a); **nécessaire de toilette** il nécessaire

négatif il negativo *négativo*

neige la neve *nèvé*

nettoyage la pulizia *poulitsia;*
nettoyage à sec il lavaggio a secco
lavaddjo a sècco

nettoyer pulire *pouliRé*

neuf nuovo(a) *nouovo(a)*

niveau il livello *livèllo*

Noël Natale *natalé*

noir nero(a) *néRo(a)*

noisette la nocciola *nottchola*

noix la noce *notché*

nom il nome *nomé;* **nom de famille**
il cognome *cognomé;* **nom de jeune
fille** il nome da ragazza *nomé da
Ragattsa*

nombre il numero *nouméRo*

non no *no*

non fumeurs non fumatori *nonn
foumatoRi*

nord il nord *noRdd*

normal normale *noRmalé*

nos i/le nostri(e) *nostRi(é)*

note il conto *connto*

notre il/la nostro(a) *nostRo(a)*

nouilles le tagliatelle
talyiatéllé

nourriture il cibo *tchibo*

nous noi *noï*

nouveau nuovo(a) *nouovo(a)*

nouvelles le notizie *notitsié*

nu nudo(a) *noudo(a)*

nuageux nuvoloso(a)
nouvolozo(a)

nuit la notte *notté*

nulle part da nessuna parte *da
néssouna paRté*

numéro il numero *nouméRo;*
numéro d'immatriculation il
numero d'immatricolazione
nouméRo dimmatRicolatsioné

objectif l'obiettivo *obyiéttivo*

objets trouvés gli oggetti smarriti
oddjétti zmaRRiti

obligatoire obbligatorio(a)
obbligatoRio(a)

obtenir ottenere *otténéRé*

obturateur l'otturatore *(m)*
ottouRatoRé

occupé occupato(a) *occoupato(a)*

œil l'occhio *ocquio*

œuf l'uovo *ouovo;* **œuf à la coque**
l'uovo alla coque *ouovo a la
coque;* **œuf dur** l'uovo sodo *ouovo
sodo;* **œuf poché** l'uovo in camicia
ouovo inn camitcha; **œuf sur le plat**
l'uovo al tegame *ouovo al tégamé;*
œufs brouillés le uova strapazzate
ouova stRapatsaté

oignon la cipolla *tchipolla*

oiseau l'uccello *outtchèllo*

olive l'oliva *oliva*

ombre l'ombra *ommbRa;* **ombre à
paupières** l'ombretto *ommbRétto*

omelette la frittata *fRittata*

ont : ils/elles ont hanno *anno*

opticien l'ottico *ottico*

or *(métal)* l'oro *oRo*

orage il temporale *témmpoRalé*

orange l'arancia *aRanntcha;* **orange
pressée** la spremuta d'arancia
spRémouta daRanntcha

ordinaire *(essence)* la (benzina)
normale *(bénndzina)* noRmalé

ordonnance la ricetta *Ritchètta*

ordures i rifiuti *Rifiouti*

oreiller il guanciale
gouanntchalé

os l'osso *osso*

ou o *o*

où dove *dové*

oublier dimenticare
dimennticaRé

ouest l'ovest *(m) ovèst*

oui sì *si*

outil l'utensile *(m) outennsilé*

ouvert aperto(a) *apèRto(a)*

ouvre-boîtes l'apriscatole *(m)*
apRiscatolé

pain il pane *pané;* **pain complet**
il pane integrale *pané inntégRalé;*
pain de campagne il pane
casereccio *pané cazéRéttcho;*
pain de mie il pane a cassetta *pané
a cassétta*

paire il paio *païo*

palais il palazzo *palattso*

pamplemousse il pompelmo
pommpèlmo

panier il cestino *tchesstino;* **panier-
repas** il cestino da viaggio
tchésstino da viaddjo

panne il guasto *gouasto;* **être en
panne** avere un guasto *avéRé oun
gouasto*

pansement la fasciatura
fachatouRa; **pansement adhésif** il
cerotto *tchéRotto*

pantalon i pantaloni *panntaloni*

papeterie la cartoleria *caRtoléRia*

papier la carta *caRta*; **papiers (d'identité)** i documenti (d'identità) *docoumennti (d'idenntita)*; **papier hygiénique** la carta igienica *caRta idjiénica*

paquet il pacco *pacco*

par per *pèR*; **par personne** a persona *a péRsona*

parapluie l'ombrello *ommbRèllo*

parc il parco *paRco*; **parc d'attractions** il luna-park *lounapaRc*

parce que perché *pèRqué*

parcmètre il parchimetro *paRquimètRo*

parcours il percorso *péRcoRso*

pardon! scusi! *scouzi*

pare-brise il parabrezza *paRabRéttsa*

pare-chocs il paraurti *paRaouRti*

pareil simile *similé*

parent il/la parente *paRennté*; **parents** *(mère et père)* i genitori *djénitoRi*

parfois qualche volta *coualqué volta*

parfum il profumo *pRofoumo*; *(d'une glace etc.)* il sapore *sapoRé*

parking il parcheggio *paRquéddjo*

parler parlare *paRlaRé*

partie la parte *paRté*

partir partire *paRtiRé*

passage il passaggio *passaddjo*; **passage clouté** il passaggio pedonale *passaddjo pédonalé*

passer passare *passaRé*; **se passer** succedere *souttchédéRé*

pâté il pâté *paté*

pâtes la pasta *pasta*

patin : **patins à glace** i pattini da ghiaccio *pattini da guiattcho*; **patins à roulettes** i pattini a rotelle *pattini a Rotèllé*

patinoire la pista da pattinaggio *pista da pattinaddjo*

pâtisserie *(boutique)* la pasticceria *pastittchéRia*; **pâtisseries** *(gâteaux)* le paste *pasté*

payer pagare *pagaRé*

pays il paese *paézé*

paysage il paesaggio *paézadjo*

PCV : **appel en PCV** la chiamata a carico del destinatario *quiamata a caRico dél déstinataRio*

peau la pelle *pèllé*

pêche *(fruit)* la pesca *pèsca*; *(activité)* la pesca *pésca*; **pêche en mer** la pesca in mare *pésca inn maRé*

peigne il pettine *péttiné*

pendant durante *douRannté*

pénicilline la penicillina *pennichillina*

penser pensare *pennsaRé*

pension la pensione *pennsioné*; **demi-pension** la mezza pensione *mèddza pennsioné*; **pension complète** la pensione completa *pennsioné commplèta*; **pension de famille** la pensione familiare *pennsioné familiaRé*

perdre perdere *pèRdéRé*

père il padre *padRé*

périmé scaduto(a) *scadouto(a)*

période il periodo *péRiodo*

périphérique la circonvallazione *tchiRconnvallatsioné*

permettre permettere *péRméttéRé*

permis il permesso *pèRmésso*; **permis de conduire** la patente *patennté*

personne *(négatif)* nessuno *néssouno*; *(individu)* la persona *pèRsona*

pétillant frizzante *fRiddzannté*

petit piccolo(a) *piccolo(a)*; **petit déjeuner** la prima colazione *pRima colatsioné*; **petit pain** il panino *panino*; **petits pois** i piselli *pizèlli*; **petits pots** gli alimenti per bambini *alimennti pèR bammbini*

peu poco *poco*; **un po'** di *ounn po di*

peur la paura *paouRa*; **avoir peur** avere paura *avéRé paouRa*

peut-être forse *foRsé*

phare il faro *faRo*

pharmacie la farmacia *faRmatchia*

photo la foto *foto*

pièce *(monnaie)* la moneta *monéta*; *(dans une maison)* la stanza *stanntsa*; **pièce d'identité** il documento d'identità *docoumennto d'idenntita*; **pièce de rechange** il pezzo di ricambio *pèttso di Ricammbio*

pied il piede *piédé*; **à pied** a piedi *a piédé*

pierre la pietra *piétRa*

piéton il pedone *pédoné*

pile la pila *pila*

pilule la pillola *pillola*

pince la pinza *pinntsa*; **pince à épiler** la pinzetta *pinntsétta*

pipe la pipa *pipa*

piquer pungere *pounndjéRé*

piqûre *(d'insecte, médicale)* la puntura *pounntouRa*

piscine la piscina *pichina*

piste *(ski)* la pista *pista*; **piste cyclable** la pista ciclabile *pista tchiclabilé*

place *(siège)* il posto *posto*; *(dans une ville)* la piazza *piattsa*; *(espace)* il posto *posto*

plage la spiaggia *spiaddja*

plan *(carte)* la pianta *piannta*

plaque : plaque minéralogique la targa d'immatricolazione *taRga dimmatRicolatsioné*

plaqué : plaqué or/argent placcato in oro/argento *placcato inn oRo/aRdjènnto*

plat il piatto *piatto*; **plat du jour** il piatto del giorno *piatto dèl djoRno*

plat piatto(a) *piatto(a)*

plateau il vassoio *vassoïo*

plein pieno(a) *piéno(a)*

pleuvoir piovere *piovéRé*; **il pleut** sta piovendo *sta piovenndo*

plomb : essence sans plomb la benzina senza piombo *benndzina senntsa piommbo*

plombier l'idraulico *idRaoulico*

plongée sous-marine l'immersione *(f)* *immèRsioné*

pluie la pioggia *pioddja*

plus più *piou*; **en plus** in più *inn piou*

plusieurs diversi(e) *divèRsi(é)*

pneu la gomma *gomma*; **pneu crevé** la gomma bucata *gomma boucata*

poche la tasca *tasca*

poêle *(à frire)* la padella *padèlla*

poids il peso *pèzo*

poignée la maniglia *manilyia*

poignet il polso *polso*

point il punto *pounnto*; **à point** giusto di cottura *djousto di cottouRa*

pointure il numero *nouméRo*

poire la pera *péRa*

poireau il porro *poRRo*

poisson il pesce *péché*

poitrine il petto *pètto*

poivre il pepe *pépé*

poivron il peperone *pépéRoné*

police *(force publique)* la polizia *politsia*; *(d'assurance)* la polizza *polittsa*

policier il poliziotto *politsiotto*

pommade l'unguento *ounngouennto*

pomme la mela *méla*; **pomme de terre** la patata *patata*; **pommes frites** le patate fritte *pataté fRitté*; **pommes sautées** le patate al burro *pataté al bouRRo*

pompier il vigile del fuoco *vidjilé dèl fouoco*

pont il ponte *ponnté*

porc il maiale *maïalé*

port il porto *poRto*

porte la porta *poRta*

portefeuille il portafoglio *poRtafolyio*

porte-monnaie il portamonete *poRtamonété*

porter portare *poRtaRé*

portion la porzione *poRtsioné*

poste la posta *posta*

potable potabile *potabilé*

potage la minestrina *minèstRina*

pot d'échappement il tubo di scappamento *toubo di scappamennto*

poubelle la pattumiera *pattoumiéRa*

poudre la polvere *polvéRé*

poulet il pollo *pollo*

pour per *péR*

pourboire la mancia *manntcha*

pourquoi perché *pèRqué*

pousser spingere *spinndjéRé*

poussette il passeggino *passéddjino*

pouvoir potere *potéRé*; **je peux** posso *posso*

préférer preferire *pRéféRiRé*

premier primo(a) *pRimo(a)*; **premiers secours** il pronto soccorso *pRonnto soccoRso*

prendre prendere *pRenndéRé*

prénom il nome *nomé*

près vicino(a) *vitchino(a)*; **près de** vicino a *vitchino a*

presque quasi *couazi*

pressé : je suis pressé ho fretta *o fRètta*

pressing il lavasecco *lavasécco*

pression *(des pneus)* la pressione *pRéssioné*

prêt pronto(a) *pRonnto(a)*

prêtre il prete *pRété*

printemps la primavera *pRimavèRa*

priorité la precedenza *pRétchédenntsa*

prise de courant *(fiche)* la spina *spinna*; *(femelle)* la presa *pRéza*

prise multiple il riduttore *RidouttoRé*

privé privato(a) *pRivato(a)*

prix il prezzo *pRèttso*

problème il problema *pRobléma*

prochain prossimo(a) *pRossimo(a)*

profond profondo(a) *pRofonndo(a)*

profondeur la profondità *pRofonndita*

promenade la passeggiata *passéddjata*

promener : se promener fare una passeggiata *faRé ouna passéddjata*

promettre promettere *pRométtéRé*

prononcer pronunciare *pRonounntchaRé*

propre pulito(a) *poulito(a)*

propriétaire il/la proprietario(a) *pRopRiétaRio(a)*

protestant protestante *pRotéstannté*

provenance : en provenance de... in provenienza da... *inn pRovénienntsa da...*

provisions le provviste *pRovvisté*

prune la prugna *pRougna*

PTT la posta *posta*

pull il pullover *poullovèR*

purée il passato *passato*

pyjama il pigiama *pidjama*

quai *(de gare)* il binario *binaRio*

quand quando *couanndo*

quartier il quartiere *couaRtiéRé*

que che *qué*

quel quale *coualé*

quelque qualche *coualqué*; **quelque chose** qualcosa *coualcoza*; **quelque part** da qualche parte *da coualqué aRté*;

quelqu'un qualcuno *coualcouno*

quelquefois qualche volta *coualqué volta*

queue la fila *fila*; **faire la queue** fare la fila *faRé la fila*

qui chi *qui*

quinzaine due settimane *doué séttimané*

quoi cosa *coza*

radiateur il radiatore *RadiatoRé*

radio la radio *Radio*

raisins l'uva *ouva*; **raisins secs** l'uva passa *ouva passa*

raison la ragione *Radjoné*; **avoir raison** avere ragione *avéRé Radjoné*

ralentir rallentare *RallenntaRé*

rallonge la prolunga *pRolounnga*

randonnée la gita *djita*

rapide rapido(a) *Rapido(a)*

raquette la racchetta *Racquétta*

raser : se raser farsi la barba *faRsi la baRba*

rasoir il rasoio *Razoïo*; **rasoir électrique** il rasoio elettrico *Razoïo élèttRico*

rayon *(de grand magasin)* il reparto *RépaRto*

réceptionniste il/la receptionist *Rèsèpzionist*

réclamation il reclamo *Réclamo*
recommander raccomandare *RaccomanndaRé*
reçu la ricevuta *Ritchévouta*
réduction la riduzione *Ridoutsioné*
regarder guardare *gouaRdaRé*
régime la dieta *dièta*; **aliments de régime** gli alimenti dietetici *alimennti diétètichi*
région la regione *Rédjoné*
rein il rene *Rèné*
remboursement il rimborso *RimmboRso*
rembourser rimborsare *RimmboRsaRé*
remercier ringraziare *RinngRatsiaRé*
remise : **faire une remise** fare uno sconto *faRé ouno sconnto*
remorquer rimorchiare *RimoRquiaRé*
remplir riempire *RièmmpiRé*
rencontrer incontrare *innconntRaRé*
rendez-vous l'appuntamento *appounntamennto*
rendre restituire *RéstitouiRé*
renseignements le informazioni *innfoRmatsioni*; **bureau de renseignements** l'ufficio informazioni *ouffitcho innfoRmatsioni*
réparer riparare *RipaRaRé*
repas il pasto *pasto*
répéter ripetere *RipétéRé*
répondre rispondere *RisponndéRé*
réponse la risposta *Risposta*
reposer : **se reposer** riposarsi *RipozaRsi*
représentation la rappresentazione *RappRézenntatsioné*

réservation la prenotazione *pRénotatsioné*
réserver prenotare *pRénotaRé*
responsable responsabile *Résponnsabilé*
ressemeler risolare *RizolaRé*
ressort la molla *molla*
restaurant il ristorante *RistoRannté*
reste il resto *Rèsto*
rester restare *RéstaRé*
retard il ritardo *RitaRdo*; **en retard** in ritardo *inn RitaRdo*
retour il ritorno *RitoRno*
rétroviseur lo specchietto retrovisore *spécquiétto RétRovizoRé*
réveil *(pendule)* la sveglia *svélyia*
réveiller svegliare *svélyiaRé*
revenir tornare *toRnaRé*
rez-de-chaussée il pianterreno *pianntéRRéno*
rhume il raffreddore *RaffRéddoRé*
rhume des foins la febbre da fieno *fèbbRé da fiéno*
rideau la tenda *tennda*
rien niente *niennté*
rivière il fiume *fioumé*
riz il riso *Rizo*
robe il vestito *véstito*
robinet il rubinetto *Roubinétto*
rognons i rognoni *Rognonni*
rond rotondo(a) *Rotonndo(a)*
rose *(couleur)* rosa *Roza*
roue la ruota *Rouota*
rouge rosso(a) *Rosso(a)*; **rouge à lèvres** il rossetto *Rossétto*
route la strada *stRada*
rue la strada *stRada*
ruines le rovine *Roviné*

sable la sabbia *sabbia*

sac *(à main)* la borsa *boRsa*; **sac à dos** lo zaino *tsaïno*; **sac de couchage** il sacco a pelo *sacco a pélo*

sachet la bustina *boustina*; **sachet de thé** la bustina di tè *boustina di tè*

saignant *(viande)* al sangue *al sanngoué*

saison la stagione *stadjoné*

salade l'insalata *innsalata*

sale sporco(a) *spoRco(a)*

salle la sala *sala*; **salle à manger** la sala da pranzo *sala da pRanntso*; **salle d'attente** la sala d'aspetto *sala daspètto*; **salle de bains** il bagno *bagno*

salon *(salle de séjour)* il salotto *salotto*

sandales i sandali *sanndali*

sandwich il panino *pannino*

sang il sangue *sanngoué*

sans senza *senntsa*

santé la salute *salouté*; **santé!** salute! *salouté*

sauce la salsa *salsa*

saucisse la salsiccia *salsittcha*

sauf eccetto *étchètto*

saumon il salmone *salmoné*; **saumon fumé** il salmone affumicato *salmoné affoumicato*

savoir sapere *sapéRé*

savon il sapone *saponé*

savonnette la saponetta *saponétta*

Scotch ® lo Scotch ® *scotch*

seau il secchio *sécquio*

sec secco(a) *sécco(a)*; *(pas mouillé)* asciutto(a) *achoutto(a)*

sèche-cheveux il föhn *feunn*

sécher asciugare *achougaRé*

secours l'aiuto *aïouto*; **au secours!** aiuto! *aïouto*

séjour il soggiorno *soddjoRno*

sel il sale *salé*

semaine la settimana *séttimana*

sens il senso *sennso*

sentier il sentiero *senntiéRo*

sentir sentire *senntiRé*

séparément separatamente *sépaRatamennté*

serrure la serratura *séRRatouRa*

serveur(euse) il/la cameriere(a) *caméRiéRé(a)*

service il servizio *séRvitsio*

serviette *(de bain)* l'asciugamano *achougamano*; *(de table)* il tovagliolo *tovalyiolo*; *(pour documents)* la cartella *caRtèlla*; **serviette hygiénique** l'assorbente *(m)* igienico *assoRbennté idjiénico*

servir servire *séRviRé*; **servez-vous** si serva *si sèRva*

seul solo(a) *solo(a)*

seulement solo *solo*

shampooing lo shampoo *chammpo*

short i pantaloncini *panntalonn-tchini*; i calzoncini *caltsonntchini*

si *(condition)* se *sé*; *(oui)* sì *si*

siège la sede *sédé*

signer firmare *fiRmaRé*

s'il vous plaît per favore *péR favoRé*

simple semplice *semmplitché*

sinon altrimenti *altRimennti*

ski lo sci *chi*; **ski de fond** lo sci da fondo *chi da fonndo*; **ski de piste** lo sci alpino *chi alpino*; **ski nautique** lo sci nautico *chi naoutico*

slip le mutande *lé moutannndé*; **slip de bain** i calzoncini da bagno *caltsonntchini da bagno*

sœur la sorella *soRèlla*

soie la seta *séta*

soif la sete *sété*; **avoir soif** avere sete *avéRé sété*

soir la sera *séRa*; **ce soir** stasera *staséRa*

soirée *(soir)* la serata *séRata*; *(fête)* la festa *fessta*

sol il pavimento *pavimennto*

soldes i saldi *saldi*

soleil il sole *solé*; **coup de soleil** il colpo di sole *colpo di solé*

sombre scuro(a) *scouRo(a)*

sommes : nous sommes siamo *siamo*

somnifère il sonnifero *sonniféRo*

sont : ils/elles sont sono *sono*

sorbet il sorbetto *soRbétto*

sortie l'uscita *ouchita*; **sortie de secours** l'uscita di sicurezza *ouchita di sicouRètsa*

sortir uscire *ouchiRé*

souhaiter desiderare *dézidéRaRé*

soupe la minestra *minèstRa*

sourd sordo(a) *soRdo(a)*

sous sotto *sotto*

sous-sol l'interrato *inntéRRato*

sous-vêtements la biancheria intima *biannquéRia inntima*

soutien-gorge il reggiseno *Reddjiséno*

souvenir *(objet)* il souvenir

souvent spesso *spésso*

sparadrap il cerotto *chéRotto*

spectacle lo spettacolo *spéttacolo*

sport lo sport *spoRtt*

stade lo stadio *stadio*

starter lo starter *staRtèR*

station la stazione *statsioné*; **station de lavage** il lavaggio auto *lavaddjo aouto*; **station de taxis** il posteggio di taxi *postéddjo di tacsi*

stationner parcheggiare *paRquéddjaRé*

station-service la stazione di servizio *statsioné di sèRvitsio*

steak la bistecca *bistécca*; **steak frites** la bistecca con patatine fritte *bistécca conn patatiné fRitté*

stylo la penna *pénna*

sucre lo zucchero *dzoucquéRo*

sud il sud *soudd*

suffire : ça suffit basta *basta*

suis : je suis sono *sono*

suisse svizzero(a) *svittséRo(a)*

Suisse la Svizzera *svittséRa*

suivant seguente *ségouennté*

suivre seguire *ségouiRé*

super *(essence)* super *soupèR*

supermarché il supermercato *soupèRmèRcato*

supplément il supplemento *souplémennto*

sur su *sou*

sûr sicuro(a) *sicouRo(a)*

surgelé surgelato *souRgélato*

surprise la sorpresa *soRpRéza*

sympathique simpatico(a) *simmpatico(a)*

synagogue la sinagoga *sinagoga*

syndicat d'initiative l'ufficio turistico *ouffitcho touRistico*

tabac *(magasin)* la tabaccheria *tabacquéRia*; *(pour fumer)* il tabacco *tabacco*

table la tavola *tavola*

taille la misura *mizouRa*

talon *(de chaussure)* il tacco *tacco*; **talon minute** il tacco al minuto *tacco al minouto*

tampons i tamponi *tammponi*

tard tardi *taRdi*; **au plus tard** al più tardi *al piou taRdi*

tarif la tariffa *taRiffa*

tarte la torta *toRta*

tasse la tazza *tattsa*

taux de change il tasso di cambio *tasso di cammbio*

taxi il taxi *tacsi*

Télécarte ® la scheda telefonica *squéda téléfonica*

télécopie il telefax *téléfacs*

télégramme il telegramma *télégRamma*

téléphone il telefono *télèfono*

téléphoner telefonare *téléfonaRé*

télévision la televisione *télévisioné*

témoin il testimone *tèstimoné*

température la temperatura *temmpéRatouRa*

tempête la tempesta *temmpésta*

temple la chiesa protestante *quiéza pRotestannté*

temps *(heure)* il tempo *temmpo*; *(météo)* il tempo *temmpo*

tenir tenere *ténéRé*

tennis il tennis *ténnis*; *(chaussures)* le scarpe da tennis *scaRpé da ténnis*

tente la tenda *tennda*

terrasse la terrazza *téRRattsa*

tête la testa *tèsta*

thé il tè *tè*; **thé au citron** il tè con limone *tè çonn limoné*; **thé au lait** il tè con latte *tè conn latté*; **thé nature** il tè naturale *té natouRalé*

théâtre il teatro *téatRo*

Thermos ® il thermos ® *tèRmos*

ticket il biglietto *bilyiétto*; **ticket de caisse** lo scontrino *sconntRino*

tiède tiepido(a) *tiépido(a)*

timbre(-poste) il francobollo *fRanncobollo*

tire-bouchon il cavatappi *cavatappi*

tirer tirare *tiRaRé*

tisane la tisana *tizana*

tissu il tessuto *tèssouto*

toast il pane tostato *pané tostato*

toilette la toilette *toualette*

tomate il pomodoro *pomodoRo*

tomber cadere *cadéRé*

torchon lo straccio *stRattcho*

tôt presto *pRèsto*

toucher toccare *toccaRé*

toujours sempre *semmpRé*

tour *(édifice)* la torre *toRRé*; *(excursion)* il giro *djiRo*; **faire un tour** fare un giro *faRé oun djiRo*; **tour de poitrine/de taille/de hanches** il giro petto/vita/fianchi *djiRo pètto/vista/fiannqui*

touriste il/la turista *touRista*

tourner girare *djiRaRé*

tournevis il cacciavite *cattchavité*

tousser tossire *tossiRé*

tout tutto(a) *toutto(a)*; *(toute chose)* tutto *toutto*; **tout de suite** subito *soubito*; **tout droit** sempre dritto *semmpRé dRitto*; **toute la journée** tutto il giorno *toutto il djoRno*; **tous les jours** ogni giorno *ogni djoRno*; **tout le monde** tutti *toutti*

toux la tosse *tossé*

traduire tradurre *tRadouRRé*

train il treno *tRèno*

tranche la fetta *fètta*

tranquille tranquillo *tRanncouillo*

transmission la trasmissione *tRazmissioné*

travail il lavoro *lavoRo*

travailler lavorare *lavoRaRé*

traversée la traversata *tRavéRsata*

traverser attraversare *attRavéRsaRé*

très molto *molto*

trop troppo *tRoppo*; **trop de** troppo(a) *tRoppo(a)*

trottoir il marciapiede *maRtchapiédé*

trouver trovare *tRovaRé*; **se trouver** trovarsi *tRovaRsi*

t-shirt la maglietta *malyiétta*

tunnel il tunnel *tounèl*

tu tu *tou*

TVA l' IVA *iva*

un(e) un(o/a) *oun(o/a)*

unité l'unità *ounita*

urgence l'urgenza *ouRdjenntsa*

urgent urgente *ouRdjennté*

utile utile *outilé*

utiliser adoperare *adopéRaRé*

vacances le vacanze *vacanntsé*; **en vacances** in vacanza *inn vacanntsa*

vaisselle i piatti *piatti*; le stoviglie *stovilyié*; **faire la vaisselle** lavare i piatti *lavaRé i piatti*

valable valido(a) *valido(a)*

valise la valigia *validja*

vallée la valle *vallé*

vanille la vaniglia *vanilyia*

vaporisateur il vaporizzatore *vapoRiddzatoRé*

vase il vaso *vazo*

veau il vitello *vitèllo*

végétarien vegetariano(a) *védjétaRiano(a)*

vélo la bicicletta *bitchiclètta*

vendeur(euse) il/la commesso(a) *comésso(a)*

vendre vendere *venndéRé*

venir venire *véniRé*

vent il vento *vennto*

vente la vendita *venndita*

ventilateur il ventilatore *venntilatoRé*

ventre lo stomaco *stomaco*

verglacé ghiacciato(a) *guiattchato(a)*

verglas lo strato di ghiaccio *stRato di guiattcho*

vérifier verificare *véRificaRé*

vernis à ongles lo smalto per unghie *zmalto pèR ounnguié*

verre *(matière)* il vetro *vétRo; (pour boire)* il bicchiere *bicquiéRé;* **verres de contact** le lenti a contatto *lennti a conntatto*

vers verso *vèRso*

vert verde *véRdé*

veste la giacca *djacca*

vestiaire il guardaroba *gouaRdaRoba*

vêtements i vestiti *véstiti*

vétérinaire il veterinario *vétéRinaRio*

viande la carne *caRné*

vide vuoto(a) *vouoto(a)*

vie la vita *vita*

vieux vecchio(a) *vécquio(a)*

village il paesino *paézino*

ville la città *tchitta*

vin il vino *vino;* **vin en pichet/en bouteille** il vino in caraffa/imbottigliato *vino inn caRaffa/immbottilyiato;* **vin blanc/rosé/rouge** il vino bianco/rosato/rosso *vino biannco/Rozato/Rosso*

vinaigre l'aceto *atchéto*

vinaigrette il condimento per insalata *conndimennto pèR innsalata*

violet viola *viola*

virage la curva *couRva*

vis la vite *vité*

visa il visto *visto*

visage il viso *vizo*

visite la visita *vizita;* **visite guidée** la visita guidata *vizita gouidata*

visiter visitare *vizitaRé*

vite rapidamente *Rapidamennté*

vitesse la velocità *vélotchita; (sur une voiture)* la velocità *vélotchita;* **boîte de vitesses** la scatola del cambio *scatola dèl cammbio*

vitre il vetro *vétRo*

vitrine la vetrina *vétRina*

vivre vivere *vivéRé*

vœu : meilleurs vœux tanti auguri *tannti aougouRi*

voici ecco *ècco*

voie la via *via*

voilà ecco *ècco*

voilier la barca a vela *baRca a véla*

voir vedere *védéRé*

voisin il/la vicino(a) *vitchino(a)*

voiture la macchina *macquina*

vol *(délit)* il furto *fouRto; (en avion)* il volo *volo;* **vol charter** il volo charter *volo tchaRtèR;* **vol régulier** il volo regolare *volo RégolaRé*

voler *(dérober)* rubare *RoubaRé;(en avion)* volare *volaRé*

vomir vomitare *vomitaRé*

vos i/le vostri(e) *vostRi(é); (politesse)* i suoi/le sue *i souoï/lé soué*

votre il/la vostro(a) *vostRo(a); (politesse)* il/la suo(a) *il/la souo(a)*

vouloir volere *voléRé*; **je voudrais**
  vorrei *voRRéï*
vous voi *voï*; *(politesse)* Lei *léï*
voyage il viaggio *viaddjo*
vrai vero(a) *véRo*
vue la vista *vista*

W.-C. il gabinetto
  gabinétto
week-end il fine settimana *finé*
  séttimana
whisky il whisky *ouisqui*
y : il y a c'è/ci sono *chè/chi sono*
yaourt lo yogurt *yogouRt*
yeux gli occhi *occqui*

wagon il vagone *vagoné*; **wagon-lit**
  il vagone letto *vagoné lètto*; **wagon-restaurant** il vagone ristorante
  vagoné RistoRannté

zoo lo zoo *dzo*

a à; dans; chez

abbacchio *m* agneau de lait

abbaglianti *mpl* : **accendere gli abbaglianti** allumez vos phares

abbastanza assez

abbazia *f* abbaye

abbigliamento *m* vêtements; **abbigliamento intimo** sous-vêtements; **abbigliamento sportivo** vêtements de sport; **abbigliamento uomo/donna/bambino** vêtements homme/femme/enfant

abboccato(a) moelleux *(vin)*

abbonamento *m* abonnement

abbonato(a) *m/f* abonné

abbronzante *m* lait bronzant

abbronzatura *f* bronzage

abitante *m/f* habitant

abito *m* robe; costume *(homme)*; **abito da sera** robe du soir *(femme)*

abuso *m* : **ogni abuso sarà punito** tout abus sera puni

accamparsi camper

accanto près; **accanto a** près de

accendere allumer; **accendere i fari** allumez vos feux; **vietato accendere fuochi** interdiction de faire du feu

accensione *f* allumage; **l'accensione della luce rossa segnala il fuori servizio** le voyant rouge signale le non fonctionnement de la machine

acceso(a) allumé

accesso *m* accès; entrée; **divieto di accesso** entrée interdite; **divieto di accesso ai non addetti ai lavori** entrée interdite aux personnes non autorisées

accessori *mpl* accessoires

accettare accepter; **non si accettano assegni** les chèques ne sont pas acceptés

accettazione *f* réception; enregistrement; **accettazione bagagli** enregistrement des bagages

acciuga *f* anchois

accomodarsi se mettre à l'aise; **si accomodi** asseyez-vous

accompagnatore *m* accompagnateur; **accompagnatore turistico** accompagnateur (touristique)

acconciature *fpl* salon de coiffure

acconto *m* acompte

accostare : **accostare (a)** approcher; aborder; **accostare la banconota a destra** mettre le billet de banque sur la droite

aceto *m* vinaigre; **aceto di vino** vinaigre de vin

ACI *m* ≈ ACF *(Automobile Club)*

acqua *f* eau; **acqua corrente** eau courante; **acqua minerale** eau minérale; **acqua potabile** eau potable; **acqua tonica** tonic

acquisto *m* achat

acuto(a) aiguisé; aigu

addebitare débiter

addetto(a) : **personale addetto** personnel chargé de…

aereo *m* avion

aeroplano *m* avion

aeroporto *m* aéroport

aeroportuale : **formalità aero-portuali** *fpl* formalités d'aéroport

affare *m* : **per affari** pour affaires

affettato *m* charcuterie (coupée en tranches)

affissione *f* : **divieto di affissione** défense d'afficher

affittanze *fpl* : **vendite affittanze** à vendre ou à louer

affittare louer

affittasi à louer

affitto *m* loyer; location; **affitto ombrelloni** location de parasols

affogato(a) noyé; poché *(œuf)*

affrancare timbrer *(lettre)*

affresco *m* fresque

affumicato(a) fumé

agente *m* : **agente verificatore** contrôleur; **agente di viaggi** agent de voyages; **agenti portuali** agents portuaires

agenzia *f* agence; **agenzia di navigazione** agence maritime; **agenzia di viaggi** agence de voyages; **agenzia viaggiatori Ferrovie dello Stato** agence de voyages FF SS

agitare secouer

aglio *m* ail

agnello *m* agneau; **agnello arrosto** rôti d'agneau

agnolotti *mpl* sorte de raviolis

agosto *m* août

agrodolce : **in agrodolce** à la sauce aigre-douce

aiuola *f* plate-bande; **è vietato calpestare le aiuole** défense de marcher sur les plates-bandes

aiuto *m* aide; **aiuto!** au secours!

albergatore *m* hôtelier

albergo *m* hôtel

albero *m* arbre; mât

albicocca *f* abricot

alcolici *mpl* alcool; spiritueux

alcolico(a) alcoolisé *(boisson)*

alcuni(e) quelques

alcuno(a) quelque

aliante *m* planeur

alici : **filetti di alici** *mpl* filets d'anchois

alimentari *mpl* : **negozio di alimentari** magasin d'alimentation

aliscafo *m* hydrofoil

allacciare attacher; **allacciare la cintura di sicurezza** attachez votre ceinture de sécurité

allappante âpre *(vin)*

allarme *m* alarme; **allarme antincendio** avertisseur d'incendie

allergia *f* allergie

allestimento *m* : **mostra/vetrina in allestimento** exposition/vitrine en préparation

alloggio *m* gîte; logement

Alpi *fpl* Alpes

alpinismo *m* alpinisme

alt : **alt dogana/polizia** stop : douane/police

alto haut *(adverbe)*

alto(a) haut; grand; **alta stagione** haute saison

altopiano *m* plateau

altro(a) autre; **altre direzioni** autres destinations

alzare soulever

alzarsi se lever

amabile qui a du moelleux *(vin)*

amaro(a) amer

amarognolo(a) légèrement amer

ambasciata f ambassade

ambiente m environnement

ambulanza f ambulance

ambulatorio m cabinet de consultation; **ambulatorio comunale** dispensaire

ammandorlato(a) : vino ammandorlato vin aux amandes

ammirare admirer

ammobiliato meublé

ammontare a s'élever à

ammorbidente m adoucissant

ammortizzatore m amortisseur

amo m hameçon

ampio(a) large (vêtement); ample; qui a du corps (vin)

analcolico(a) sans alcool

ananas m ananas

anatra f canard; **anatra arrosto** canard rôti; **anatra in agrodolce** canard à la sauce aigre-douce

anche aussi; également

ancora¹ encore; **ancora del formaggio** encore du fromage

ancora² f ancre

andare aller; **andiamo!** allons-y!

anello bague; **anello di fondo** piste de ski de fond

anfiteatro m amphithéâtre

angolo m coin; angle

anguilla f anguille; **anguilla in umido** anguille cuite à la casserole

anguria f pastèque

animatore m animateur

animazione f : **programma di**

animazione programme d'animation

animelle fpl ris (de veau, d'agneau)

annata f millésime; année; **vino d'annata** grand vin

anno m an; **quanti anni ha?** quel âge avez-vous?

annullamento m annulation; **spese per l'annullamento del servizio** frais d'annulation

annuncio m annonce

anteprima f avant-première

antiappannante m antibuée

antichità f antique; antiquité

anticipo m avance; **in anticipo** à l'avance; en avance

anticoncezionale m contraceptif

anticongelante m antigel

antigelo m antigel

antincendio : bombola antincendio f extincteur

antipasto m hors-d'œuvre; **antipasto misto** hors-d'œuvre variés; **antipasto di pesce** hors-d'œuvre de poisson; **antipasto di frutti di mare** hors-d'œuvre de fruits de mer

antiquario m antiquaire

antisettico m antiseptique

ape f abeille

aperitivo m apéritif

aperto(a) ouvert; **all'aperto** dehors; en plein air

apparecchio m appareil; **apparecchi pubblici** téléphones publics

appartamento m appartement

appetito m appétit; **buon appetito!** bon appétit!

appoggiarsi : è pericoloso appoggiarsi ne pas s'appuyer…

appuntamento *m* rendez-vous

aprile *m* avril

aprire ouvrir; **non aprire prima che il treno sia fermo** ne pas ouvrir avant l'arrêt du train

arachide *f* arachide

aragosta *f* langouste

arancia *f* orange

aranciata *f* orangeade

arancino *m* croquette de riz

archeologico(a) : museo archeologico musée archéologique

architettura *f* architecture

arco *m* arc; arc *(de flèche)*

area *f* aire; **area di parcheggio** aire de stationnement; **area di servizio** aire de service

argento *m* argent *(métal)*

argilla *f* argile

aria *f* air; chanson; **con aria condizionata** avec climatisation

aringa *f* hareng

arista *f* carré de porc

armadietto *m* petit placard

armadio *m* penderie

armi *fpl* armes

aromi *mpl* aromates

arredato(a) : appartamento arredato appartement meublé

arrivare arriver

arrivederci au revoir

arrivo *m* arrivée; **arrivi/partenze nazionali** arrivées nationales/ départs nationaux; **arrivi/partenze internazionali** arrivées interna- tionales/départs internationaux

arrosto rôti; viande rôtie; **arrosto di manzo/tacchino/vitello** rôti de bœuf/de dindon/de veau

arte *f* art

articolo *m* article; **articoli da pesca** articles de pêche; **articoli da spiaggia** articles de plage; **articoli sportivi** articles de sport

artigiano *m* artisan

ascensore *m* ascenseur

asciugamano *m* serviette

asparagi *mpl* asperges

aspettare attendre; s'attendre à

aspro(a) aigre

assaggiare goûter

assegno *m* chèque

assente absent

assicurazione *f* assurance; **assicurazione contro terzi** assurance au tiers; **assicurazione casco** assurance tous risques

assistente *m/f* assistant; **assistente sanitario** aide médical(e)

assistenza *f* assistance; **assistenza qualificata** service qualifié; **assis- tenza sanitaria** assistance sanitaire

associazione *f* société; associa- tion; **associazione turistica giovanile** association touristique de la jeunesse

assorbente *m* **: assorbente igienico** serviette hygiénique

assortito(a) assorti

asta *f* enchère

Asti ville du Piémont, célèbre pour son vin blanc mousseux

astice *m* homard

ATG *abrév. de* **Associazione Turistica Giovanile**

atlante *m* atlas

Atlantico *m* Atlantique *(océan)*

ATM *f* service de transports en commun

attendere attendre

attenti al cane attention au chien

attenzione *f* attention; **attenzione allo scalino** attention à la marche; **attenzione alla corrente elettrica** danger : électricité

atterraggio *m* atterrissage; **atterraggio di emergenza** atterrissage d'urgence; **atterraggio di fortuna** atterrissage forcé

atterrare atterrir

attestare : si attesta che... nous attestons que...

attestazione *f* **: attestazione di versamento** attestation de paiement

attività *f* activité; **attività sportive** activités sportives

attraversamento pedonale *m* passage pour piétons

attraversare traverser; **vietato attraversare i binari** il est interdit de traverser les voies

attraverso à travers

attrazione *f* attraction

attrezzatura *f* équipement

auguri *mpl* **: tanti auguri** meilleurs vœux

austriaco(a) autrichien

autentico(a) authentique

autista *m* chauffeur

autobus *m* autobus

autocorriera *f* autocar

autoforniture *fpl* accessoires auto

automobilista *m/f* automobiliste

autonoleggio *m* location de voitures; **autonoleggio con autista** location de voitures avec chauffeur

autopompa *f* pompe à incendie

autopullman *m* autocar

autorimessa *f* garage *(pour se garer)*

autoritratto *m* autoportrait

autorizzazione *f* autorisation; **autorizzazione scritta** autorisation écrite

autostop *m* auto-stop

autostrada *f* autoroute; **autostrada a pedaggio** autoroute à péage

autovettura *f* voiture

avanti devant; en avant

avena *f* avoine

avere avoir

avvenuto(a) : l'avvenuta accettazione è indicata da un segnale acustico un signal sonore indique que votre argent a été accepté

avvertire avertir

avvisare informer; prévenir

avviso *m* avis; avertissement; annonce; **avviso alla clientela** informations pour la clientèle

azienda *f* **: azienda turismo** syndicat d'initiative; **azienda di soggiorno** syndicat d'initiative

azzurro(a) bleu

baccalà *m* morue séchée et salée; **baccalà alla vicentina** morue servie avec une sauce au lait et au vin blanc

bagagliaio *m* coffre à bagages

bagaglio *m* bagage; **bagaglio a mano** bagage à main; **bagaglio personale** bagage personnel

bagnarsi se mouiller; se baigner

bagnino *m* maître nageur

bagno *m* salle de bains; bain; **bagni** établissement de bains

baia *f* baie

balcone *m* balcon

balletto *m* ballet

balneazione *f* **: è proibita la balneazione** baignade interdite

balsamo *m* après-shampooing

bambinaia *f* baby-sitter

bambino(a) *m/f* enfant; bébé

banca *f* banque

banchina *f* quai; bas-côté; accotement; **banchina cedevole** accotement non stabilisé

banco *m* comptoir; banc; **banco di registrazione** bureau d'enregistrement; **banco di sabbia** banc de sable

barbabietola *f* betterave

Barbaresco *m* vin rouge sec du Piémont titrant de 12° à 14°

Barbera *m* vin du Piémont d'un rouge très profond

barbiere *m* coiffeur pour hommes

barbo *m* barbeau

barca *f* bateau

Bardolino *m* petit vin rouge sec et léger de la région de Vérone

barista *m/f* barman; serveuse

Barolo *m* vin rouge du Piémont

base *f* **: pranzo a base di pesce/carne** repas à base de poisson/viande

bastare suffire

bastoncini *mpl* **: bastoncini di merluzzo** bâtonnets de cabillaud; **bastoncini di pesce** bâtonnets de poisson

battello *m* bateau; **battello da diporto** bateau de plaisance; **battello di salvataggio** canot de sauvetage

batteria *f* batterie

battistero *m* baptistère

beccaccia *f* bécasse

beccaccino *m* bécassine

bello(a) beau; joli; mignon

Bel Paese *m* fromage doux à pâte molle

bene bien; très bien; **va bene** ça va (bien)

beneficiario *m* bénéficiaire

benvenuto(a) bienvenu

benzina *f* essence

berlina *f* berline

bersaglio *m* cible

bevanda *f* boisson

biancheria *f* linge *(de maison)*; **biancheria casa** linge de maison; **biancheria intima** lingerie

bianco(a) blanc; **lasciate in bianco per favore** ne rien écrire ici; **pesce/carne in bianco** poisson bouilli/viande bouillie

bibita *f* boisson *(sans alcool)*

biblioteca *f* bibliothèque

bicchiere *m* verre

bicicletta *f* bicyclette; vélo

bigiotteria *f* bijouterie *(fantaisie)*

bigliettaio *m* receveur d'autobus

biglietteria *f* guichet; **biglietteria aerea** guichet d'aéroport

biglietto *m* billet; ticket; **biglietto di andata e ritorno** billet aller et retour; **biglietto di sola andata** billet aller; **biglietto orario** billet valable une heure; **il biglietto deve essere convalidato all'inizio del viaggio** le billet doit être composté au début du voyage et conservé pour le contrôle

bignè *m* chou à la crème

bin. *abrév. de* **binario**

binario *m* voie; quai

birra *f* bière; **birra alla spina** bière pression; **birra chiara** bière blonde; **birre estere** bières étrangères; **birre nazionali** bières italiennes

birreria *f* brasserie

biscotto *m* biscuit

bisogno *m* besoin; **avere bisogno di** avoir besoin de

bistecca *f* bifteck; **bistecca ai ferri** steak grillé; **bistecca di filetto** bifteck dans le filet; **bistecca alla fiorentina** steak à la florentine

bivio *m* bifurcation; croisement

blocchetto *m* : **biglietti in blocchetti** carnet de billets

blocco *m* blocage; bloc-notes; **per evitare il blocco dell'ascensore…** pour éviter que l'ascenseur ne se bloque…

boa *f* bouée

bocce *fpl* boules

bocconcini *mpl* boulettes de veau farcies au jambon et au fromage

bolla *f* bulle; ampoule

bollito *m* ≈ pot-au-feu; **bollito misto** ≈ pot-au-feu

bombolone *m* ≈ pet-de-nonne

bordo : **salire a bordo** monter à bord; **a bordo della nave** à bord du navire

borgo *m* quartier

borsa *f* sac à main; sac; serviette; **la Borsa** la Bourse; **borsa nera** marché noir

bosco *m* bois

bottega *f* boutique; magasin

botteghino *m* guichet

bovino(a) : **carni bovine** *fpl* viande de bœuf

braciola *f* côtelette; **braciola di maiale** côtelette de porc

brandina *f* lit de camp

branzino *m* bar *(poisson)*

brasato *m* bœuf braisé

britannico(a) britannique

brocca *f* broc

broccoletti *mpl* brocoli

brodetto *m* : **brodetto di pesce** bouillon de poisson

brodo *m* bouillon; **riso/pasta in brodo** soupe au riz/aux pâtes

bruciore di stomaco *m* brûlure d'estomac

brutto(a) laid

buca *f* trou; **buca per le lettere** boîte aux lettres

bucato *m* lessive; **per bucato in lavatrice** pour lavage en machine; **per bucato a mano** pour lavage à la main

budino *m* flan

buongustaio *m* gourmet

buono *m* bon; coupon

buono(a) bon; **buon giorno!** bonjour!; **buona sera!** bonsoir!; **buona notte!** bonne nuit!; **a buon mercato** bon marché

burrasca *f* tempête

burro *m* beurre

bustina *f* sachet; **bustina di tè** sachet de thé

cabina *f* cabine; **cabina telefonica** cabine téléphonique; **cabina doppia/tripla/quadrupla** cabine double/triple/pour quatre

cacao *m* cacao; **cacao amaro** cacao amer

caccia *f* chasse

cacciagione *f* gibier

cacciatora : alla cacciatora chasseur *(art culinaire)*

cacciucco *m* **: cacciucco alla livornese** soupe de poisson au vin

caciocavallo *m* fromage à pâte dure à base de lait de vache

caduta *f* chute; **caduta massi/sassi** danger, chute de pierres

caffè *m* café; **caffè corretto** café arrosé; **caffè decaffeinato** café décaféiné; **caffè in grani** café en grains; **caffè lungo** café léger; **caffè macchiato** café avec une goutte de lait; **caffè macinato** café moulu; **caffè nero** café noir; **caffè ristretto** café fort; **caffè tostato** café torréfié

caffelatte *m* café au lait

calamaretti ripieni *mpl* petits calmars farcis

calamari *mpl* **: calamari fritti** calmars frits

calcio *m* football

caldarroste *fpl* marrons grillés

caldo(a) chaud

calendario *m* **: calendario partenze** calendrier des départs

calmante *m* calmant

calzature *fpl* chaussures

calzoleria *f* magasin de chaussures; cordonnerie

calzone *m* ≈ tourte fourrée au jambon et au fromage

cambiare changer; échanger

cambio *m* change; échange; taux de change; vitesse *(de voiture)*; **cambio di asciugamani/delle lenzuola** changement des serviettes/des draps; **cambio filtri** changement du filtre à huile; **cambio olio rapido** vidange rapide; **cambio medio applicato** taux de change en vigueur; **cambio valute** bureau de change

camera *f* chambre; **camera (da letto)** chambre à coucher; **camera libera** chambre libre; **camera matrimoniale** chambre double; **camera singola** chambre pour une personne

cameriera *f* femme de chambre; serveuse

cameriere *m* garçon

camerini prova *mpl* cabines d'essayage

camiceria *f* chemiserie

camion *m* camion

camionabile accessible aux camions

campagna *f* campagne

campana *f* cloche

campanello *m* clochette; sonnette

campeggio *m* camping; **campeggio libero** camping libre

campo *m* champ; terrain; **campo da gioco** terrain de jeux; **campo di golf** terrain de golf; **campo sportivo** terrain de sports; **campo da tennis** court de tennis

camposanto *m* cimetière

canale *m* canal

cancellare gommer; effacer

cancelleria *f* fournitures de bureau

cancello *m* grille

candeggina *f* eau de Javel

candela bougie

cane *m* chien

canna da pesca *f* canne à pêche

cannella *f* cannelle

cannelloni *mpl* cannellonis

cannolo *m* pâtisserie sicilienne à la ricotta, aux fruits confits et à la crème

cannone *m* canon

canocchia *f* cigale de mer

cantante *m/f* chanteur(euse)

cantiere *m* chantier; **cantiere navale** chantier naval

cantina *f* cellier; cave *(à vin)*

canzone *f* chanson

capelli *mpl* cheveux; **capelli grassi/secchi** cheveux gras/secs

capitaneria *f* : **capitaneria (di porto)** capitainerie

capitello *m* chapiteau

capo *m* tête; chef; **capo di vestiario** pièce de vêtement; **detersivo per capi delicati** lessive pour vêtements fragiles

Capodanno *m* le Jour de l'An

capogruppo *m* chef de groupe

capolavoro *m* chef-d'œuvre

capolinea *m* terminus

capoluogo *m* ≈ chef-lieu

caponata *f* ≈ ratatouille

capostazione *m* chef de gare

cappella *f* chapelle

cappuccino *m* cappuccino

capriolo *m* chevreuil

carabiniere *m* ≈ gendarme

caraffa *f* carafe

caramella *f* bonbon

carburante *m* carburant; **pompa del carburante** pompe à essence

carciofo *m* artichaut; **carciofi alla romana** artichauts farcis

caricare charger

carico *m* : **accesso consentito per operazioni di carico e scarico** accès autorisé uniquement pour charger et décharger

carne *f* viande; chair; **carne di**

cervo viande de cerf, venaison; **carne di maiale** (viande de) porc; **carne di manzo** (viande de) bœuf; **carne di montone** (viande de) mouton; **carne tritata** viande hachée; **carni bianche** viandes blanches; **carni nere** gibier; **carni rosse** viandes rouges

caro(a) cher

carota f carotte

carpa f carpe

carpaccio m fines tranches de bœuf cru assaisonnées

carpione m : **pesce in carpione** poisson sauce matelote

carreggiata doppia f route à double voie

carrello m chariot; **carrello per bagagli** chariot à bagages

carro m chariot; **carro attrezzi** dépanneuse

carrozza f : **carrozza ferroviaria** wagon; **carrozza cuccette** voiture-couchettes; **carrozza letto** voiture-lit

carrozzeria f carrosserie

carta f papier; carte; **alla carta** à la carte; **Carta d'Argento** ≈ Carte Vermeil; **carta di credito** carte de crédit; **Carta Famiglia** carte famille nombreuse; **carta geografica** carte géographique; **carta d'identità** carte d'identité; **carta igienica** papier hygiénique; **carta d'imbarco** carte d'embarquement; **carta nautica** carte nautique; **carta stradale** carte routière; **carta verde** carte verte

cartello m panneau; pancarte; enseigne

cartoccio m papillote; **pesce/pollo al cartoccio** poisson/poulet cuit en papillote

cartoleria f papeterie

cartolina f carte postale

casa f maison; **offerto(a) dalla casa** offert par la maison

casalinghi mpl articles ménagers

cascata f cascade

casco m casque

casella postale f boîte postale

casello m : **casello autostradale** péage d'autoroute

caserma f caserne; **caserma dei pompieri** caserne de pompiers

caso m : **in caso di necessità, rompere il vetro** en cas d'urgence, brisez la glace

cassa f caisse; caisse enregistreuse; **cassa chiusa** caisse fermée; **cassa continua** caisse permanente

cassaforte f coffre; coffre-fort

cassata f tranche napolitaine

casseruola f casserole

cassiere(a) m/f caissier(ère)

castagna f châtaigne

castagnaccio m gâteau à la farine de marrons

castello m château

catena f chaîne; **catene (da neve)** chaînes (pour la neige); **obbligo di catene** chaînes obligatoires

cattedrale f cathédrale

cattivo(a) méchant; mauvais

causa f : **a causa di** à cause de

cauzione f caution; dépôt de garantie

cavallo m cheval

caviale *m* caviar

cavolfiore *m* chou-fleur

cavolini di Bruxelles *mpl* choux de Bruxelles

cavolo *m* chou; **cavolo cappuccio** chou frisé; **cavolo rapa** chou-rave

c'è il y a

cedro *m* cèdre

CEE *f* CEE

cefalo *m* mulet

celibe *m* célibataire *(homme)*

cena *f* dîner; souper

cenone *m* : **cenone di Capodanno** réveillon de fin d'année

cento cent

centralino *m* standard *(téléphonique)*

centro *m* centre; **centro assistenza tecnica** service après-vente; **centro città** centre-ville; **centro commerciale** centre commercial

ceramica *f* céramique

cernia *f* : **cernia (gigante)** mérou; **cernia (di fondo)** perche

cervella *fpl* cervelle

cervello *m* cerveau; cervelle

cervo *m* cerf; **carne di cervo** viande de cerf, venaison

cestino *m* petit panier

cetriolino *m* cornichon

cetriolo *m* concombre

che que; lequel; auquel

chi qui

chiamarsi : **come si chiama?** comment vous appelez-vous?

chiamata *f* appel; **chiamata urbana/interurbana** appel urbain/interurbain

Chianti *m* vin sec rouge ou blanc de Toscane

Chiaretto *m* vin rosé de la région du lac de Côme

chiaro(a) clair

chiave *f* clé; clé (à écrous)

chiedere demander

chiesa *f* église

chilometraggio *m* kilométrage; **chilometraggio illimitato** kilométrage illimité

chilometrico(a) : **biglietto chilometrico** billet kilométrique : qui permet de parcourir un nombre déterminé de kilomètres

chinotto *m* boisson à base d'orange amère

chiodo *m* : **chiodo di garofano** clou de girofle

chiudere fermer

chiudersi se fermer; **si chiude da sé** la porte se ferme automatiquement

chiuso(a) fermé

chiusura *f* : **(orario di) chiusura** heure de fermeture

ci : **ci sono** il y a

cialda *f* gaufre

ciao salut; au revoir

ciclomotore *m* vélomoteur

cicoria *f* chicorée

cielo *m* ciel

ciliegia *f* cerise

cima *f* cime; sommet; **cima alla genovese** veau froid farci

cimitero *m* cimetière

cincin! à la vôtre!

cinghia *f* courroie; **cinghia della ventola** courroie de ventilateur

cinghiale *m* sanglier

cinquanta cinquante

cinque cinq

Cinqueterre vin blanc de Ligurie

cintura *f* ceinture; **cintura di sicurezza** ceinture de sécurité; **cintura di salvataggio** ceinture de sauvetage

ciò ceci; cela

cioccolata *f* chocolat; **cioccolata calda** chocolat chaud

cioccolatini *mpl* chocolats

cioccolato *m* chocolat; **cioccolato al latte/fondente** chocolat au lait/noir

cipolla *f* oignon

cipollina *f* ciboule

circolare circuler

circolazione *f* : **valido per la circolazione all'estero** valable pour circuler à l'étranger

circonvallazione *f* périphérique; boulevard extérieur

CIT *f* Agence de Tourisme Italien

citofono *m* Interphone ®

città *f* ville

classe *f* classe; **classe economica** classe économique; **classe turistica** classe touriste

cliente *m/f* client(e); hôte; **cliente successivo** client suivant

clima *m* climat

climatizzato(a) climatisé

cocco *m* noix de coco

cocomero *m* pastèque

coda *f* : **coda di rospo** lotte

cognome *m* nom; **cognome da nubile** nom de jeune fille

coincidenza *f* correspondance *(transports)*; **coincidenze nazionali/internazionali** correspondances nationales/ internationales

colazione *f* petit déjeuner; **colazione all'inglese** petit déjeuner à l'anglaise

collant *m* collant

collegamento *m* : **collegamenti internazionali** liaisons internationales

collo *m* : **colli a mano** bagages à main

colonna *f* colonne

combustibile *m* combustible

come comme; comment; **come?** pardon?; comment?; **com'è?** comment est-ce?; **come va?** comment ça va?

comitiva *f* groupe; **sconti per comitive** tarifs de groupe

commesso(a) *m/f* vendeur(euse)

commissariato *m* commissariat

comodità *fpl* confort

comodo(a) confortable

compagnia *f* compagnie; **compagnia aerea** compagnie aérienne; **compagnia di navigazione** compagnie maritime

complesso ensemble; **complesso** groupe *(chanteurs, musiciens)*

completo(a) complet; **al completo** complet

comporre composer

compreso(a) compris; **servizio compreso** service compris; **... non compreso(a)...** non compris

comune *m* mairie; municipalité

comunicazione f : **comunicazione telefonica** communication téléphonique; **ottenere la comunicazione** obtenir la communication

con avec

concessionario m concession-naire

conciliare : **conciliare una contravvenzione** régler une contravention

condimento m condiment; assaisonnement

condizionamento dell'aria m climatisation

condizioni fpl conditions; **condizioni del tempo permettendo** si le temps le permet

condomino m : **riservato ai condomini** réservé aux copropriétaires

conducente m conducteur

confermare confirmer

confezione f : **confezioni per signora** prêt-à-porter féminin; **confezioni per uomo** prêt-à-porter masculin

confine m frontière; limite

coniglio m lapin; **coniglio stufato** lapin à l'étouffée

cono m : **cono gelato** cornet de glace

consegna f consigne; livraison

conservante m : **senza conservanti** sans conservateurs

conservare : **conservare in luogo fresco e asciutto** conserver à l'abri de la chaleur et de l'humidité

conservarsi : **da conservarsi in frigo** à conserver au réfrigérateur

conservatorio m conservatoire

conservazione f : **a lunga conservazione** longue conservation, UHT

consiglio m conseil; **consigli per l'uso** mode d'emploi

consolato m consulat

consumarsi : **da consumarsi entro il...** à consommer avant...

consumazione f consommation; **buono per una consumazione** bon pour une consommation; **la consumazione è obbligatoria** consommation obligatoire

contante m comptant; **pagare in contanti** payer comptant

contatore m compteur

contattare contacter

contatto m contact; **mettersi in contatto con** se mettre en rapport avec

contento(a) content

continuare continuer

conto m addition; compte

contorno m garniture; légumes

contratto m contrat; **contratto di viaggio** contrat de voyage

contravvenzione f contravention

contro contre

controllo m contrôle; **controllo gomme** vérification des pneus; **controllo passaporti** contrôle des passeports

controllore m contrôleur

convalidare valider; oblitérer; poinçonner; **convalidare** com-postez; oblitérez; **convalidare il biglietto qui** compostez le billet ici; **il biglietto va convalidato nell'**

obliteratrice all'inizio del viaggio le billet doit être composté au début du voyage

convocazione *f* **: area convocazione gruppi** point de rencontre des groupes

coperto *m* couvert; **al coperto** à l'intérieur

copertura *f* couverture

coppa[1] *f* **: coppa dell'olio** carter; **coppa gelato** coupe de glace

coppa[2] *f* coppa (charcuterie constituée d'échine de porc)

corposo(a) corsé *(vin)*

corrente *f* courant

corridoio *m* couloir

corsa *f* course; voyage; **corsa semplice** aller simple; **ultima corsa** dernier départ; **corse ippiche** course hippique

corsetteria *f* boutique de lingerie féminine

corsia *f* voie; couloir; **corsia di emergenza** bande d'arrêt d'urgence; **corsia di sorpasso** voie de gauche *(pour dépasser)*

corso *m* cours; **corso dei cambi** cours du change; **corso intensivo** cours intensif; **corso di lingua** cours de langue

cortile *m* cour; préau

cosa *f* chose

coscia *f* **: coscia di pollo** cuisse de poulet

cosciotto *m* **: cosciotto d'agnello** gigot d'agneau

così ainsi

costa *f* côte

Costa Azzurra *f* Côte d'Azur

costare coûter

costata *f* **: costata di manzo** côte de bœuf

costo *m* coût

costola *f* côte

costoletta *f* côtelette; **costoletta di vitello alla milanese** côtelette de veau panée

costume **: costume da bagno** maillot de bain; slip de bain

cotechino *m* saucisson de porc à cuire

cotoletta *f* côtelette; **cotoletta alla milanese** côtelette panée

cotto(a) cuit; **poco cotto(a)** saignant

cozza *f* moule; **cozze alla marinara** moules marinières

crauti *mpl* choucroute

credito *m* crédit; **non si fa credito** la maison ne fait pas crédit; **credito residuo** reliquat

crema *f* crème; crème anglaise; **crema da barba** crème à raser; **crema per calzature** cirage; **crema fredda ai cetrioli** concombre à la crème; **crema per le mani** crème pour les mains; **crema con pomodori** velouté de tomate; **crema solare** crème solaire; **crema per il viso** crème pour le visage

crescione *m* cresson

crespella *f* sorte de beignet en forme de nœud

croccante *f* croquant *(gâteau sec)*

crocchetta *f* croquette; **crocchette di patate** croquettes de pommes de terre

crocevia *m* croisement; carrrefour

crociera f croisière

crollo m **: pericolo di crollo** danger d'effondrement

cronaca f chronique; rubrique; compte-rendu

crostacei mpl crustacés

crostino m croûton; canapé

crudo(a) cru

cubetto di ghiaccio m glaçon

cuccetta f couchette

cucchiaino m cuillère à café

cucchiaio m cuillère; cuillère à soupe

cucina f cuisine; cuisinière

cucinino m kitchenette; **cucinino accessoriato** kitchenette équipée; **cucinino con frigorifero e blocco cottura** kitchenette avec réfrigérateur et cuisinière

cuffia f **: cuffia da bagno** bonnet de bain

cugino(a) m/f cousin

cuocere : cuocere al forno cuire au four; **cuocere ai ferri** griller

cuoio m cuir

cuore m cœur

curva f virage; courbe; **curva a gomito** virage en épingle à cheveux; **curva senza visibilità** virage sans visibilité

custode m gardien

custodia valori f dépôt d'objets de valeur

CV CV (cheval vapeur)

da de; depuis; en; chez

dama f dame; cavalière

danneggiare endommager; déteriorer

dare donner; **dare su** donner sur; **dare la precedenza (a destra)** respectez la priorité (à droite)

data f date

dati mpl données

dattero m datte

davanti devant

dazio m droit (de douane)

decollo m décollage

degustazione f dégustation

demi-sec : spumante demi-sec m mousseux demi-sec

denominazione f **: denominazione di origine controllata** ≈ appellation d'origine contrôlée; **denominazione di origine controllata e garantita** ≈ appellation d'origine contrôlée donnée à quelques très grands vins seulement

dentifricio m dentifrice

dentro dedans; à l'intérieur

depositare déposer

deposito m dépôt; **deposito bagagli** consigne; **deposito cauzionale** dépôt de garantie; **deposito valori** dépôt de valeurs

destinazione f destination; **con destinazione Messina** destination Messine

destra f droite

detersivo m détergent; poudre à laver

detrazione f déduction

dettatura f : **dettatura telegrammi** service de télégramme

deviazione f déviation

di de; au

dicembre m décembre

dichiarare déclarer; **niente da dichiarare** rien à déclarer

dichiarazione f déclaration; **dichiarazione doganale** déclaration en douane

dieci dix

dietro derrière

difficile difficile

diga f digue

digestivo m digestif

diluire diluer

dintorni mpl environs

dio m dieu; **Dio** Dieu

dipinto m peinture

diramazione f embranchement

dire dire

diretto(a) direct; **treno diretto** train direct

direttore m chef; directeur; président

direzione f direction; **direzione regionale del turismo** direction régionale du tourisme

diritto m droit; endroit; **diritto per esazioni in treno** amende à payer lorsqu'on voyage dans le train sans billet; **diritti portuali/ aeroportuali** taxes portuaires/ d'aéroport

diritto(a) droit(e); **sempre diritto** tout droit

disco m disque; **disco orario** ≈ disque de zone bleue

discoteca f discothèque

disdire décommander

disegno m dessein; dessin

dispiacere a déplaire à; **mi dispiace** je regrette; je suis désolé

dispone(si) on dispose de

disponibile disponible

dispositivo m dispositif

disposizione f : **per disposizione di legge** de par la loi; **siamo a vostra completa disposizione** nous sommes à votre entière disposition

dissestato(a) : **strada dissestata** chaussée déformée

distanza f distance

distorsione f entorse

distributore m : **distributore automatico** distributeur automatique; **distributore automatico di benzina** pompe à essence en self-service

disturbare déranger; **pregasi non disturbare** prière de ne pas déranger

disturbo m dérangement; malaise

ditta f entreprise; compagnie; firme

diurno(a) diurne; **programma diurno** programme du jour; **albergo diurno** ≈ bains publics; ≈ relais toilette (gares)

divano m divan; canapé; **divano letto** canapé-lit

diversi(e) plusieurs; différents

diverso(a) différent

divertente amusant

divieto : **è severamente vietato...** il est strictement interdit de... ;

divieto di balneazione baignade interdite; **divieto di parcheggio** stationnement interdit; **divieto di transito ai pedoni** passage interdit aux piétons

divisa *f* : **divisa estera** devise étrangère

DOC *abrév. de* **Denominazione di Origine Controllata**

doccia *f* douche

DOCG *abrév. de* **Denominazione di Origine Controllata e Garantita**

documenti *mpl* papiers

dogana *f* douane

dolce[1] sucré; doux

dolce[2] *m* sucrerie; dessert; gâteau; **dolci assortiti** assortiment de pâtisseries; **dolci della casa** pâtisserie maison

dolcelatte *m* fromage bleu à pâte molle

Dolcetto *m* vin rouge sec du Piémont

dolciumi *mpl* friandises

dolore *m* chagrin; douleur

domanda *f* question; demande; acte de candidature; **fare domanda per** faire une demande pour

domani demain

domattina demain matin

domenica *f* dimanche

dondolare : **non dondolare** défense de se balancer *(télésiège)*

donna *f* femme; **donna delle pulizie** femme de ménage

dono *m* cadeau; don

dopo après

dopobarba *m* (lotion) après-rasage

dopodomani après-demain

doppio(a) double

dove où; **di dove è?** d'où êtes-vous?

dovere devoir; être obligé de

dragoncello *m* estragon

drogheria *f* épicerie

due deux; **tutti(e) e due** tous les deux

duomo *m* cathédrale

durante pendant

durare durer

duro(a) dur

e et

è *voir* GRAMMAIRE

E[1] *abrév. de* **est**

E[2] signalisation routière indiquant le réseau européen (route ou autoroute internationale)

ecc. etc.

eccedenza *f* excédent; surplus

eccesso *m* excès; **eccesso di velocità** excès de vitesse

eccezionale exceptionnel

eccezione *f* exception

ecco voici/voilà

edicola *f* kiosque

edificio m bâtiment

effetto m effet; **effetti personali** effets personnels

efficace efficace

egregio(a) : Egregio Signor Martin Monsieur Martin *(en début de lettre)*

elenco m liste; **elenco telefonico** annuaire

elettrauto m atelier de réparation spécialisé dans les circuits électriques d'une voiture

elettricista m électricien

elettricità f électricité

elettrico(a) électrique

elettrodomestico m (appareil) électroménager

elettroricambi mpl pièces de rechange électriques

elicottero m hélicoptère

emergenza f urgence

emicrania f migraine

enoteca f ≈ bar à vins

ente m office; organisme; **ente nazionale/provinciale turismo** office national/régional du tourisme

entrambi(e) les deux

entrare entrer

entrata f entrée; **entrata abbonati** entrée réservée aux abonnés; **entrata libera** entrée libre

epilessia f épilepsie

equino(a) : carni equine fpl viande de cheval

equipaggio m équipage

equitazione f équitation

erba f herbe

erbaceo(a) : vino erbaceo vin avec un goût d'herbe

erbe fpl herbes; **erbe aromatiche** herbes aromatiques

erbette fpl fines herbes

erboristeria f herboristerie

errore m erreur

eruzione f éruption

esatto(a) exact; précis

esaurito(a) épuisé; **tutto esaurito** épuisé *(entièrement vendu)*

escluso(a) : escluso taxi sauf les taxis; **escluse le bevande** boissons non comprises

escursione f excursion; **escursioni in battello** excursions en bateau

esente exempté; **esente da dogana/ tasse** exempté de droits de douane/hors taxes

esercizio m exercice; établissement; **questo esercizio resta chiuso nel giorno di...** cet établissement est fermé le...

esigenza f exigence

esperto(a) expert; expérimenté

esportare exporter

esposto(a) exposé; **esposto(a) a nord** exposé au nord

espresso m lettre exprès; train rapide; express

est m est

estate f été

esterno(a) extérieur; externe

estero(a) étranger; **all'estero** à l'étranger

estetista m/f esthéticienne

estintore m extincteur

estivo(a) estival

estratto *m* **: estratto di carne** extrait de viande

età *f* âge

etichetta *f* étiquette

eventuale éventuel

evitare éviter

extrasec : spumante extrasec *m* mousseux extra-dry

fabbrica *f* usine

fabbricare fabriquer; produire; **fabbricato in serie** fabriqué en série

facchino *m* porteur

facile facile

facoltativo(a) facultatif

fagiano *m* faisan

fagioli *mpl* haricots; **fagioli borlotti** haricots blancs; **fagioli con le cotiche** haricots à la couenne

fagiolini *mpl* haricots verts

falegname *m* menuisier

falò *m* feu de joie

famiglia *f* famille

familiare familial; familier

fanale *m* feu; **fanali di posizione** feux de position; **fanali dei freni** feux 'stop'

fango *m* boue

faraona *f* pintade

farcito(a) farci

fare faire

farfalle *fpl* pâtes en forme de papillon

farina *f* farine; **farina di granturco** farine de maïs

farmacia *f* pharmacie; **farmacie di turno** pharmacies de garde

faro *m* phare

fascia *f* bandeau; bandage

fatelo da voi *m* faites-le vous-même

fattoria *f* ferme

fattorino d'albergo *m* chasseur

fattura *f* facture; **la fattura si richiede all'atto del pagamento** réclamez la facture lors du paiement

fave *fpl* fèves

favore *m* **: per favore** s'il vous plaît

fazzoletto *m* mouchoir; **fazzoletto di carta** mouchoir en papier

febbraio *m* février

febbre *f* fièvre; **febbre da fieno** rhume des foins

federa *f* taie d'oreiller

fegatelli *mpl* **: fegatelli alla fiorentina** foie de porc à la florentine (cuit aux herbes avec des croûtons)

fegatini *mpl* **: fegatini d'anatra** foies de canard; **fegatini di pollo** foies de volaille

fegato *m* foie; **fegato di maiale/vitello** foie de porc/de veau; **fegato alla veneziana** foie à la vénitienne (cuit avec des oignons)

felicissimo(a) enchanté; ravi

femminile féminin

fendinebbia : (proiettori)
fendinebbia *mpl* (phares)
antibrouillard

feriale : giorno feriale jour
ouvrable

ferie *fpl* vacances

ferita *f* blessure; coupure

fermare arrêter

fermarsi s'arrêter

fermata *f* arrêt; **fermata**
dell'autobus arrêt d'autobus;
fermata a richiesta arrêt facultatif;
divieto di fermata arrêt interdit

fermo(a) à l'arrêt; **ferme restando**
le condizioni di cui sopra en
accord avec les conditions
mentionnées ci-dessus

ferramenta *fpl* quincaillerie

ferri *mpl* : **ai ferri** grillé

ferro *m* fer; **ferro da stiro** fer à
repasser

ferrovia *f* chemin de fer; **ferrovia**
pacchi dogana douane pour les
paquets acheminés par train

ferroviario(a) ferroviaire

fesa *f* : **fesa di vitello** noix de veau

fessura *f* fente; fissure

festa *f* fête; **festa danzante** bal

fetta *f* tranche; **fette biscottate**
biscottes

fettuccine *fpl* pâtes en forme de
fins rubans

FF SS Chemins de Fer Italiens

fiammifero *m* allumette

fiasco *m* fiasque

fico *m* figue

fiera *f* foire

fieristico(a) : **sede fieristica** siège
de la foire

figlia *f* fille

figlio *m* fils

fila *f* file; queue; **fare la fila** faire la
queue

filetto *m* filet; **filetto alla Carpaccio**
filets de bœuf crus assaisonnés;
filetto di manzo alla griglia filet de
bœuf grillé; **filetto al pepe verde**
filet au poivre vert; **filetti di**
merluzzo/sogliola filets de morue/
de sole

filiale *f* filiale; succursale

filo di ferro *m* fil de fer

filone *m* : **filone di vitello**
amourettes

filtro *m* filtre; **con filtro** avec filtre

finanziera *f* sauce financière

fine *f* fin; **fine settimana** fin de
semaine

finestra *f* fenêtre

finestrino *m* fenêtre

finire finir

fino jusque; même; **fino a** jusqu'à

finocchio *m* fenouil; **semi di**
finocchio graines de fenouil

fiocco *m* nœud; flocon

fioraio(a) *m/f* fleuriste

fior di latte *m* crème du lait

fiore *m* fleur; **fiori di zucca fritti**
fleurs de courge frites

fiorista *m/f* fleuriste

Firenze *f* Florence

firma *f* signature

fiume *m* fleuve

focaccia *f* tourte salé de pâte à pain; ≈ fougasse

folle fou; **in folle** au point mort

fondale *m* fond; **attenzione : basso fondale** attention **:** eau peu profonde

fondo *m* fond; **fondo stradale dissestato** chaussée déformée

fonduta *f* fondue

fontana *f* fontaine

fonte *f* source

fontina *f* fromage de la vallée d'Aoste crémeux et à pâte molle

footing *m* jogging

foratura *f* crevaison

forchetta *f* fourchette

forfora *f* pellicules

formaggio *m* fromage; **formaggi piccanti/dolci** fromages forts/doux

fornaio *m* boulanger

fornello *m* fourneau; réchaud

fornitore *m* fournisseur

forno *m* four

forse peut-être

forte fort

forza *f* force; **per causa di forza maggiore** pour cause de force majeure

foschia *f* brume

foto *f* photo

foto-ottica *f* magasin de photo et opticien

fototessera *f* photo d'identité

fra entre; parmi; **fra 2 giorni** dans 2 jours

fragola *f* fraise; **fragole al limone** fraises au sucre avec un jus de citron; **fragole con la panna** fraises à la crème

frana *f* éboulement

francese français

franchigia *f*: **in franchigia** en franchise; **franchigia bagaglio** franchise de bagages

Francia *f* France

francobollo *m* timbre(-poste)

frappé *m* milk-shake

Frascati *m* vin blanc sec de Frascati, près de Rome

fratello *m* frère

frattaglie *fpl* abats

frattura *f* fracture

frazione *f* hameau

freccette *fpl* fléchettes

freddo(a) froid

freno *m* frein; **freno a mano** frein à main; **freno a pedale** pédale de frein

fresco(a) frais

fricassea *f*: **coniglio/pollo in fricassea** fricassée de lapin/ de poulet

frigorifero *m* réfrigérateur

frittata *f* omelette; **frittata con le erbe/le verdure** omelette aux fines herbes/aux légumes

frittella *f* beignet

fritto *m* : **fritto misto** friture

fritto(a) frit

frizione *f* embrayage

frizzante pétillant; gazeux

fronte *f* front; **di fronte a** en face de

frontiera *f* frontière

frullato *m* milk-shake aux fruits

frutta *f* fruit; **frutta secca** fruits secs

fruttato(a) fruité

fruttivendolo *m* fruitier

frutto *m* fruit; **frutti di mare** fruits de mer; **frutti di bosco** fruits des bois

FS sigle des Chemins de Fer Italiens

fuga *f* fuite

fumare fumer

fumatore *m* fumeur

fungo *m* champignon; **funghi ovoli** agarics; **funghi porcini** bolets; **funghi secchi** champignons séchés

funzionare fonctionner

fuoco *m* feu; **fuochi d'artificio** feux d'artifice

fuori à l'extérieur; dehors

fusibile *m* fusible

gabinetto *m* cabinet; **gabinetto medico** cabinet médical

galleria *f* galerie; tunnel; balcon *(au théâtre)*; **prima galleria** premier balcon; **galleria interi/ridotti** places à plein tarif/tarif réduit au balcon; **galleria d'arte** galerie ou musée d'art

gamba *f* jambe

gamberetto *m* crevette

gambero *m* écrevisse; homard

garanzia *f* garantie; **garanzia assicurativa** assurance; **garanzie infortuni al conducente** garanties en cas d'accident survenu au conducteur

gasolio *m* gas-oil

gassato(a) : **bevanda gassata** boisson gazeuse

gassosa *f* limonade

gelateria *f* café-glacier

gelatina *f* gélatine

gelato *m* glace

gelo *m* gel

genere *m* type *(genre)*; genre

generi alimentari *mpl* produits alimentaires

genitori *mpl* parents

gennaio *m* janvier

Genova *f* Gênes

Germania *f* Allemagne

gesso *m* craie; plâtre

gettare jeter; **non gettare alcun oggetto dal finestrino** ne jetez pas d'objets par la fenêtre

gettone *m* jeton

gettoniera *f* distributeur de jetons

ghiaccio *m* glace

ghiacciolo *m* glace à l'eau

ghiaia *f* gravillon

giacca *f* veste; **giacca di salvataggio** gilet de sauvetage

giallo(a) jaune

giardinetta *f* break

giardino *m* jardin

ginepro *m* genièvre; **bacche di ginepro** baies de genièvre

Ginevra *f* Genève

gingerino *m* boisson au gingembre

ginocchio *m* genou

giocare jouer

giocattolo *m* jouet

gioco *m* jeu; **gioco d'azzardo** jeu de hasard

gioielleria *f* bijouterie

gioielli *mpl* bijoux

gioielliere *m* bijoutier

giornalaio *m* marchand de journaux

giornale *m* journal

giornalista *m/f* journaliste

giornata *f* journée

giorno *m* jour; **giorno festivo** jour férié; **giorno feriale** jour ouvrable; **giorno di mercato** jour de marché

giovane jeune

giovedì *m* jeudi

girare tourner; tournoyer

giro *m* tour; **fare un giro in macchina** faire un tour en voiture

gita *f* randonnée; excursion

giù en bas

giugno *m* juin

gli les; à lui

globale global

gnocchi *mpl* gnocchis; **gnocchi di semolino alla romana** gnocchis au beurre faits avec des jaunes d'œufs, du lait et de la semoule

goccia *f* goutte

gola *f* gorge

golfo *m* golfe

gomma *f* gomme; pneu

gommone *m* canot pneumatique

gonfiare gonfler

gonfio(a) gonflé

gonna *f* jupe

gorgonzola *m* gorgonzola (fromage proche des bleus)

gradazione *f* : **a bassa gradazione alcolica** à basse teneur en alcool

gradevole plaisant

gradinata *f* grand escalier; gradin

gradino *m* marche; gradin

gradire accepter; apprécier; **gradisce qualcosa da bere?** voulez-vous quelque chose à boire?

grado *m* grade; degré; norme

grana *m* fromage à pâte très dure semblable au parmesan

Gran Bretagna *f* Grande-Bretagne

grancevola *f* araignée de mer

granchio *m* crabe; **polpa di granchio** chair de crabe

grande grand; large

grandine *f* grêle

granita *f* granité *(sorte de sorbet)*

grano *m* grain; blé

granturco *m* maïs

grappa *f* eau-de-vie de raisin (faite à partir du moût)

gratinato(a) gratiné

grattacielo *m* gratte-ciel

gratuito(a) gratuit; **il servizio è gratuito** le service est compris

grazie merci

grazioso(a) joli; gracieux

Grecia *f* Grèce

greco(a) grec

grigio(a) gris

griglia *f* gril; **alla griglia** grillé

grigliata *f* grillade; **grigliata mista** grillades (variées)

Grignolino *m* vin rouge sec du Piémont

grissino *m* gressin

grongo *m* congre

grossista *m/f* grossiste

grosso(a) gros; épais

groviera *f* gruyère

gruppo *m* groupe; **gruppo sanguigno** groupe sanguin

gruviera *f voir* **groviera**

guado *m* gué

guanto *m* gant

guardare regarder

guardaroba *m* garde-robe; vestiaire

guardia *f* garde; **Guardia di Finanza** ≈ Direction des douanes

guardiano *m* gardien

guasto *m* panne

guasto(a) en panne

guerra *f* guerre

guida *f* guide; **guida a sinistra** conduite à gauche; **guida telefonica** annuaire

guidare conduire

guidatore *m* conducteur

guinzaglio *m* : **cani al guinzaglio** les chiens doivent être tenus en laisse

gustare goûter; apprécier

gusto *m* goût; parfum

i les

ieri hier; **ieri l'altro** avant-hier

il le

illimitato(a) illimité

imbarcarsi s'embarquer

imbarcazione *f* bateau

imbarco *m* embarquement; **carta d'imbarco** carte d'embarquement

imbottigliato(a) mis en bouteille

immergere plonger

immersione *f* : **immersione in apnea** plongée en apnée

immondizie *fpl* ordures

impanato pané

imparare apprendre

impasto *m* pâte

imperatore *m* empereur

impermeabile *m* imperméable

impero *m* empire

impiegato(a) *m/f* employé(e)

importare importer; être important; **non importa** ça ne fait rien

importo *m* montant

imposta *f* impôt; volet; **imposta sul valore aggiunto** taxe à la valeur ajoutée

in dans; en; à

inadempienza *f* : **eventuali inadempienze dei nostri agenti di viaggio...** toute négligence de la part de nos agents de voyage...

incantevole charmant

incaricarsi di se charger de

incendio *m* incendie

incidente *m* accident; **incidente stradale/aereo** accident de la route/d'avion

incluso(a) inclus
incontrare rencontrer
incrocio *m* croisement;
  incrocio a T croisement en T
indicazioni *fpl* indications
indice *m* index
indietro en arrière; derrière
indirizzo *m* adresse
indivia *f* endive
indomani *m* : **l'indomani**
  le lendemain
indovinare deviner
indumento *m* vêtement
infatti en effet; évidemment
infermeria *f* infirmerie
infezione *f* infection
infiammabile inflammable
infiammazione *f* inflammation
influenza *f* influence; grippe
informare informer; **informarsi (di)**
  s'informer (de)
informazioni *fpl* informations; **per
  informazioni e prenotazioni di
  gruppi...** pour toutes informations
  et réservations de groupe...
infrangibile incassable
ingegnere *m* ingénieur
Inghilterra *f* Angleterre
inglese anglais
ingombrante : **bagaglio
  ingombrante** bagage encombrant
ingombrare : **non ingombrare
  l'uscita** ne pas gêner la sortie
ingorgo *m* : **ingorgo stradale**
  embouteillage
ingresso *m* entrée; apparition;
  prezzo d'ingresso prix d'entrée;
  ingresso libero entrée libre (sans

obligation d'achat); **ingresso a
  pagamento** entrée payante;
  ingresso pedonale entrée réservée
  aux piétons; **ingresso riservato al
  personale** entrée réservée au
  personnel; **ingresso vietato ai non
  addetti ai lavori** entrée interdite
  aux personnes étrangères aux
  travaux en cours
ingrosso : **all'ingrosso** en gros
iniezione *f* piqûre; injection
inizio *m* début
innocuo(a) inoffensif
inoltre en plus
insaccati *mpl* saucisses
insalata *f* salade; **insalata verde**
  salade verte; **insalata mista/di
  pomodori/di riso/di cetrioli** salade
  composée/de tomates/de riz/de
  concombres; **insalata di pesce**
  salade de poisson; **insalata russa**
  salade russe
insegnante *m/f* enseignant(e)
inserire insérer;
  inserire le banconote una per volta
  introduire les billets un par un
insettifugo *m* insecticide
insetto *m* insecte
insieme ensemble
insolazione *f* insolation
insulina *f* insuline
interno *m* intérieur; poste; porte
interno(a) interne
intero(a) entier
interpretazione *f* interprétation
interruttore *m* interrupteur
interurbano(a) interurbain
intervallo *m* intervalle; entracte
intervento *m* intervention

intestato(a) a au nom de
intimi donna *mpl* lingerie féminine
intingolo *m* sauce; petit plat
intorno autour
intossicazione alimentare *f* intoxication alimentaire
introdurre introduire
inutile inutile
invalido(a) invalide; infirme
invano en vain
invece par contre; pourtant; **invece di** au lieu de
inverno *m* hiver
inversione *f* inversion; virage à 180°
invitare inviter
invito *m* invitation
involtino *m* ≈ paupiette
iodio *m* iode
ippodromo *m* hippodrome
irlandese irlandais
iscritto *m* membre inscrit; **per iscritto** par écrit
iscrizione *f* inscription; enregistrement
isola *f* île; **isola pedonale** zone piétonne
isolato *m* pâté *(de maisons)*
istituto *m* institut; **istituto di bellezza** institut de beauté
istruttore(trice) *m/f* instructeur(trice); moniteur(trice)
istruzioni *fpl* instructions; directives
Italia *f* Italie
itinerario *m* itinéraire; **itinerari**

d'arte itinéraires artistiques; **itinerario di massima** itinéraire généralement suivi; **itinerario turistico** itinéraire touristique
IVA *f* TVA

jolly *m* joker

l' le; la; vous
la la; vous
là là; **per di là** par là
labbro *m* lèvre
lacca *f* laque
Lacrima Christi *m* vin sec rouge ou blanc produit en Campanie
laggiù là-bas
lago *m* lac
Lambrusco *m* vin rouge pétillant produit en Émilie-Romagne
lampone *m* framboise
lana *f* laine
lanciare lancer; envoyer

largo(a) large; **al largo** au large

lasagne *fpl* lasagnes; **lasagne verdi** lasagnes vertes (aux épinards)

lasciare laisser; **lasciare libero il passaggio** prière de laisser le passage libre

lassativo *m* laxatif

lassù là-haut

laterale : via laterale *f* route secondaire

latte *m* lait; **latte condensato** lait condensé; **latte detergente** lait démaquillant; **latte intero** lait entier; **latte macchiato** lait chaud avec une goutte de café; **latte in polvere** lait en poudre; **latte scremato** lait écrémé

latteria *f* crémerie

lattuga *f* laitue; **lattuga romana** romaine *(salade)*

lavabile lavable

lavaggio *m* lessive *(activité)*; **qui lavaggio rapido** ici lavage rapide; **per lavaggi frequenti** pour lavages fréquents

lavanderia *f* laverie; **servizio lavanderia e stireria** service de blanchissage et de repassage

lavare laver; **lavare a secco** nettoyer à sec

lavasecco *m* pressing

lavatrice *f* machine à laver

lavoro *m* travail; **lavori stradali** travaux *(sur la route)*; **lavori in corso** travaux en cours; travaux *(sur la route)*

le les; à elle; à vous

legge *f* loi

leggenda *f* légende

leggere lire; **leggere attentamente le avvertenze** lire attentivement les instructions

leggero(a) léger

legumi *mpl* : **legumi secchi** légumes secs

lei elle; vous; **Lei** vous *(de politesse)*

lente *f* lentille *(verre)*; **lenti a contatto** lentilles de contact

lenticchie *fpl* lentilles

lenzuolo *m* drap

lepre *f* lièvre; **lepre in salmì** lièvre en civet

lesso *m* ≈ pot-au-feu

lettino *m* petit lit

letto *m* lit; **letto a una piazza** lit à une place; **letto matrimoniale** grand lit; **letti a castello** lits superposés; **letti gemelli** lits jumeaux

levata *f* levée; **orario della levata** heure de la levée

lezione *f* leçon; cours

lì là

libero(a) libre

libreria *f* librairie

libretto *m* livret; carnet; **libretto di circolazione** papiers *(de la voiture)*; **libretto degli assegni** carnet de chèques

libro *m* livre

lieto(a) heureux; joyeux; **molto lieto** enchanté de faire votre connaissance

limite *m* limite; **limite di velocità** limitation de vitesse

limonata *f* limonade

limone *m* citron

linea *f* ligne; **linea urbana** service urbain d'autobus; **linee marittime** lignes maritimes; compagnies maritimes; **Linee FS** lignes italiennes de chemin de fer

lingua *f* langue; **lingua salmistrata** langue marinée

lino *m* lin

liofilizzato(a) lyophilisé

liquidazione *f* liquidation

liquirizia *f* réglisse

liquore *m* liqueur

liquori *mpl* alcools; spiritueux

liquoroso(a) : vino liquoroso vin de dessert

liscio(a) lisse; nature

lista *f* liste; **lista dei vini** carte des vins; **lista d'attesa** liste d'attente; **lista delle pietanze** menu

listino prezzi *m* tarif (prix courants)

litro *m* litre

livello *m* niveau; **livello del mare** niveau de la mer

lo le

locale *m* local; établissement; **locale notturno** boîte de nuit

località *f* : **località balneare/di villeggiatura** station balnéaire/lieu de villégiature

locanda *f* auberge

locomotiva *f* locomotive

loggione *m* poulailler

Londra *f* Londres

lontano loin

lordo(a) brut (avant impôt)

loro ils/elles; eux/elles; leur/leurs; vous; **Loro** vous; votre

lotto *m* loterie; loto; lot

lozione *f* lotion

luccio *m* brochet

luce *f* lumière

luglio *m* juillet

lumache *fpl* escargots

luna *f* lune; **luna di miele** lune de miel

luna-park *m* parc d'attractions

lunedì *m* lundi

lungo(a) long; **lungo la strada** le long de la rue; **a lungo** pendant longtemps

lungomare *m* front de mer

luogo *m* endroit

lusso *m* luxe

ma mais

maccheroni *mpl* macaronis; **maccheroni alla siciliana** macaronis à la sicilienne; **maccheroni alla chitarra** macaronis préparés à la façon des Abruzzes

macchina *f* voiture; machine; **macchina fotografica** appareil photo; **macchina sportiva** voiture de sport

macedonia f macédoine de fruits

macelleria f boucherie

macinato(a) moulu; haché

Madera m Madère

madre f mère

magazzino m magasin; entrepôt; **grande magazzino** grand magasin

maggio m mai

maggiorazione f augmentation

maggiore (le) plus grand; (le) plus large; le plus âgé

maglieria f tricots

magro(a) maigre

mai jamais

maiale m cochon; porc; **maiale al latte** porc cuit au lait avec des épices; **maiale arrosto** porc rôti

maialino m : **maialini da latte** cochons de lait

maionese f mayonnaise

mais m maïs

mal m = **male**

male[1] mal

male[2] m mal; douleur; **mal di mare** mal de mer; **mal di cuore/di fegato** mal au cœur/au foie; **mal di denti/di gola/d'orecchi/di stomaco/di testa** mal aux dents/à la gorge/aux oreilles/à l'estomac/à la tête

malgrado malgré

maltempo m mauvais temps

Malvasia f vin de dessert

mamma f maman

mancare manquer

mancia f pourboire

mandarino m mandarine

mandorla f amande

maneggio m manège

mangia-e-bevi m glace avec des noisettes, des fruits et de la liqueur

mangiare manger

Manica f Manche

maniglia f poignée

mano f main; **fatto(a) a mano** fait main

manovella f manivelle

mantenere : mantenere la destra roulez à droite

Mantova f Mantoue

manzo m bœuf

marcia f marche; vitesse

marciapiede m trottoir; marchepied

mare m mer; bord de mer

marea f marée; **c'è alta/bassa marea** c'est marée haute/basse

marina f marine

marito m mari

maritozzo m ≈ pain aux raisins

marmellata f confiture; **marmellata d'arance** confiture d'oranges

marmitta f pot d'échappement

marmo m marbre

marrone marron

Marsala m Marsala, vin de dessert produit en Sicile

martedì m mardi; **martedì grasso** mardi gras

marzo m mars

mascarpone m fromage crémeux fabriqué en Lombardie

maschile masculin

massimale *m* plafond

massimo(a) maximum

masticare mâcher; mastiquer

materassino *m* matelas pneumatique

mattina *f* matinée

mattino *m* matin

mattone *m* brique

medaglioni *mpl* : **medaglioni di filetto/di pollo** médaillons de bœuf/de poulet

medicina *f* médecine; **medicina d'urgenza** service des urgences

medico *m* médecin

medusa *f* méduse

meglio (le) mieux

mela *f* pomme; **mela cotogna** coing

melagrana *f* grenade

melanzana *f* aubergine; **melanzane alla parmigiana** aubergines au parmesan; **melanzane ripiene** aubergines farcies

melassa *f* mélasse

melone *m* melon; **melone ghiacciato** melon glacé

membro *m* membre

meno moins

mensa *f* cantine

mensile mensuel

menta *f* menthe

mentre pendant; tandis que

menù *m* : **menù del giorno** plat du jour; **menù turistico** menu touristique

mercatino *m* : **mercatino dell'usato** marché aux puces

mercato *m* marché; **Mercato Comune** Marché commun; **mercato del pesce** marché aux poissons

merce *f* : **la merce si paga alle casse del piano dove è stata scelta** veuillez régler vos achats avant de quitter l'étage

merceria *f* mercerie

merci *fpl* marchandises; produits

mercoledì *m* mercredi

merenda *f* goûter

meridionale méridional

merlano *m* merlan

Merlot *m* vin de table rouge

merluzzo *m* morue; cabillaud

mese *m* mois

messa *f* messe; **messa in piega** mise en plis

metà *f* moitié

metropolitana *f* métro

mettere mettre; **mettere in comunicazione** mettre en communication

mezzanotte *f* minuit

mezzo *m* moyen; moyen de transport; milieu

mezzo(a) demi

mezzogiorno *m* midi; **il Mezzogiorno** le sud de l'Italie

mezz'ora *f* demi-heure

mi me; moi; moi-même

miele *m* miel

migliore (le) meilleur

mille mille

minestra *f* soupe; **minestra in brodo** bouillon avec du vermicelle ou du riz; **minestra di verdura** potage de légumes

minestrone *m* minestrone (soupe aux légumes et au lard); **minestrone alla genovese** minestrone au fromage et au basilic

minore : vietato ai minori di anni 18 interdit aux mineurs de moins de 18 ans

minorenne mineur

mirtillo *m* myrtille

miscela *f* mélange

misto *m* **: misto mare** salade de fruits de mer

misto(a) varié; mixte; composé

misura *f* mesure; **fatto(a) su misura** fait sur mesure

mitili *mpl* moules

mittente *m/f* expéditeur

MM *abrév. de* **Metropolitana**

mobili *mpl* meubles

moda *f* mode

modalità *f* **: secondo le modalità previste** selon les modalités prévues; **modalità di pagamento** modalités de paiement; **seguire le modalità d'uso** suivre les instructions

modo *m* façon; manière

modulo *m* formulaire

moglie *f* femme

mollica *f* **: mollica (di pane)** mie (de pain)

molluschi *mpl* mollusques

molo *m* jetée; **molo per attracco** quai d'accostage

molti(e) nombreux

molto beaucoup; très

molto(a) beaucoup; **molta gente** beaucoup de gens

monastero *m* monastère

moneta *f* monnaie

montagna *f* montagne

Montepulciano *m* vin rouge de Toscane; variété de raisin destiné à la production de vin rouge

montone *m* **: carne di montone** viande de mouton; **giacca di montone** veste en (peau de) mouton

moquette *f* moquette

mora *f* mûre

mortadella *f* mortadelle

morto(a) mort

mosca *f* mouche

moscato *m* muscat *(vin de dessert)*; **moscato spumante** muscat pétillant; **Moscato d'Asti** muscat d'Asti

moscerino *m* moucheron

moscone *m* Pédalo ®

mosella *m* vin de Moselle

mostarda *f* moutarde

mostra *f* démonstration; exposition; **mostra convegno** exposition conférence

mostrare montrer

motocicletta *f* moto

motore *m* moteur; **vietato tenere motori e luci non elettriche accese** coupez les moteurs et éteignez les cigarettes

motoscafo *m* bateau à moteur

mozzarella *f* mozzarelle; **mozzarella in carrozza** mozzarelle frite avec du jambon ou des anchois entre deux tranches de pain

mulino *m* moulin

multa f amende

municipio m hôtel de ville

muratura f : **villette in muratura** pavillons construits en briques

muro m mur

museo m musée; **museo civico di storia naturale** musée municipal d'histoire naturelle

musica f musique; **musica leggera/da camera** variétés/ musique de chambre

nafta f diesel

Napoli f Naples

nascita f naissance

nasello m colin

Natale m Noël

nato(a) né

navata f nef

nave f navire

nave-traghetto f ferry

nazione f nation

né... né ni... ni

neanche pas même; pas plus

nebbia f brouillard

Nebbiolo m vin rouge léger produit dans le Piémont

negozio m magasin

nemmeno/neppure pas même; non plus

nero(a) noir

nervetti mpl : **nervetti in insalata** fines tranches de bœuf ou de veau servies froides et assaisonnées

nessuno(a) personne; aucun; nul; rien du tout

netto(a) net; **al netto di IVA** TVA incluse

neve f neige

nevicare neiger

nevischio m neige fondue

niente rien

Nizza f Nice

noce f noix

nocivo(a) nocif

nodo m nœud; **nodo ferroviario** nœud ferroviaire

noleggio m : **noleggio biciclette** location de vélos; **noleggio furgoni** location de camionnettes

nolo m = noleggio

nome m nom; prénom

non ne... pas

non-fumatore m non fumeur

nonna f grand-mère

nonno m grand-père

nord m nord

notiziario m informations

nove neuf

novembre m novembre

nubile f célibataire (femme)

nulla rien

nullo(a) nul

numero m nombre; numéro; pointure

nuotare nager

nuovo(a) neuf; **di nuovo** de nouveau

nuvoloso(a) nuageux

obbligo *m* obligation

obliterare oblitérer; **lato da obliterare** côté à oblitérer

obliteratrice *f* machine à composter

oca *f* oie

occasione *f* occasion

occhiali *mpl* lunettes; **occhiali da sole** lunettes de soleil

occuparsi : me ne occupo io je m'en occupe personnellement

occupato(a) occupé

odierno(a) : in data odierna en date d'aujourd'hui

offerta *f* **: in offerta (speciale)** en promotion

officina *f* atelier; **officina autorizzata** garage agréé; **officina per autovetture nazionali ed estere** atelier de réparation automobile pour voitures italiennes et étrangères

oggettistica *f* articles de fantaisie

oggi aujourd'hui

ogni chaque; tout, tous

oleodotto *m* oléoduc

olio *m* huile; **olio solare** huile solaire; **olio d'oliva** huile d'olive

oltre au-delà; en outre

ombrellone *m* parasol

omogeneizzati *mpl* produits homogénéisés

onda *f* vague

opuscolo *m* brochure

ora[1] maintenant

ora[2] *f* heure; **che ora è?** quelle heure est-il?

orario *m* horaire; **in orario** à l'heure; ponctuel; **orario di apertura/chiusura** heures d'ouverture/ de fermeture; **orario di cassa** heures d'ouverture et de fermeture de la banque; **orario delle partenze** horaire des départs; **orario degli uffici per il pubblico** heures d'ouverture au public; **orario di vendita** heures d'ouverture; **orario per visitatori** heures des visites

orata *f* daurade

ordinare commander; ranger

ordinazione *f* commande

oreficeria *f* orfèvrerie

ormeggiare amarrer

oro *m* or; **placcato oro** plaqué or

orologeria *f* horlogerie

ortaggi *mpl* légumes

ortofrutticolo(a) : mercato ortofrutticolo marché des fruits et légumes

Orvieto *m* vin blanc léger couleur paille produit en Ombrie

orzo *m* orge; **orzo tostato solubile** orge torréfiée soluble

ospedale *m* hôpital

ospite *m/f* hôte

osso *m* os

ossobuco *m* osso-buco (os à moelle; jarret de veau à la tomate et au vin)

ostello *m* **: ostello della gioventù** *m* auberge de jeunesse

osteria *f* auberge; taverne

ostrica *f* huître

ottenere obtenir; **ottenere la linea** obtenir la ligne

ottico *m* opticien

otto huit

ottobre *m* octobre

ovest *m* ouest

ovino(a) : carni ovine *fpl* viande d'agneau et de mouton

ozio *m* loisir

pacco *m* paquet

padella *f* poêle

Padova *f* Padoue

padre *m* père

padrone(a) *m/f* patron(ne); propriétaire

paesaggio *m* paysage

paese *m* pays

paesino *m* petit village

pagamento *m* paiement; **pagamento alla consegna** paiement à la livraison; **pagamento anticipato** paiement d'avance

pagare payer

paglia *f* : **paglia e fieno** pâtes blanches et vertes

pagnotta *f* miche

palasport *m* palais des sports

palazzo *m* immeuble; palais; **palazzo comunale** hôtel de ville; **palazzo dei congressi** palais des congrès; **palazzo dello sport** palais des sports

palco *m* estrade; loge

palcoscenico *m* scène

palestra *f* gymnase

palla *f* balle

pallone *m* ballon

palma *f* palmier

pan *m* = **pane**

pancetta *f* petit salé

pandoro *m* gâteau de Noël

pane *m* pain; **pan carrè** pain de mie; **pan di Spagna** gâteau de Savoie; **pane di segale** pain de seigle; **pane e coperto** pain et couvert; **pane integrale** pain complet

panetteria *f* boulangerie

panettone *m* gâteau aux raisins secs et aux fruits secs mangé à Noël

panforte *m* sorte de nougat fabriqué à Sienne

pangrattato *m* chapelure

panificio *m* boulangerie

panino *m* petit pain; **panino imbottito** sandwich; **panini caldi** sandwichs chauds

panna *f* crème; **panna montata** crème fouettée

pannocchia *f* épi de maïs

pannolino *m* couche

panzarotto *m* gros ravioli fourré à la mozzarelle, au jambon et aux œufs

papà *m* papa

pappardelle *fpl* pâtes en forme de larges rubans

parcheggio *m* parking; parc de stationnement; **parcheggio custodito/incustodito** parc de stationnement gardé/non gardé

parchimetro *m* parcmètre

parco *m* parc; **parco demaniale** jardin public; **parco giochi bambini** parc pour enfants; **parco marino** réserve naturelle pour la vie sous-marine

parente *m/f* parent

Parigi *f* Paris

parmigiano *m* parmesan

parrucchiere(a) *m/f* coiffeur(euse)

parte *f* part; partie; côté

partenza *f* départ

partire s'en aller; partir

partita *f* partie; jeu

Pasqua *f* Pâques

passaggio *m* passage; **dare un passaggio a** prendre quelqu'un en voiture; **passaggio a livello** passage à niveau; **passaggio pedonale** passage clouté

passaporto *m* passeport; **passaporto collettivo** passeport collectif

passato *m* passé; **passato freddo di pomodoro** coulis de tomates; **passato di patate/piselli** purée de pommes de terre/de petits pois; **passato di verdura** velouté de légumes

passeggero(a) *m/f* passager

passeggiata *f* promenade; **passeggiata lungomare** promenade en bordure de mer

passito *m* vin de paille, fait avec des raisins secs

passo *m* pas; passage; col *(en montagne)*; **passo carrabile** sortie de véhicules (interdit de stationner)

pasta *f* pâte; gâteau; **pasta di** acciughe pâte d'anchois; **pasta e ceci/fagioli** pâtes aux pois chiches/aux haricots; **pasta frolla** pâte brisée; **pasta di mandorle** pâte d'amandes; **pasta sfoglia** pâte feuilletée; **pasta all'uovo** pâte aux œufs

pastasciutta *f* pâtes servies avec de la sauce tomate

pasticceria *f* pâtisserie

pasticcino *m* petit four

pasticcio *m* pétrin; tourte; **pasticcio di lasagne** tourte aux lasagnes

pasto *m* repas

pastorizzato(a) pasteurisé

pastoso(a) : vino pastoso vin moelleux

patata *f* pomme de terre; **patate arrosto/al forno** pommes de terre sautées/au four; **patate fritte** frites; **patate lesse/novelle/in padella/saltate** pommes de terre bouillies/nouvelles/frites/sautées

patatine *fpl* chips

patente *f* permis de conduire

pattinaggio *m* patinage

pavimento *m* sol

pecorino *m* fromage à pâte dure fait avec du lait de brebis

pedaggio *m* péage

pedicure *m/f* pédicure

pedone *m* piéton

pelati *mpl* **: (pomodori) pelati** tomates pelées

pelle *f* peau; cuir; **pelle scamosciata** peau de chamois

pelletterie *fpl* maroquinerie

pellicceria *f* magasin de fourrures

pellicola *f* pellicule

pendenza *f* pente

pendio *m* pente; colline

penne *fpl* pâtes taillées en biseau; **penne all'arrabbiata** penne préparées avec de la tomate, des champignons et des piments; **penne ai funghi** penne aux champignons et à la crème

pensionato(a) retraité

pensione *f* pension; **pensione completa** pension complète; **mezza pensione** demi-pension

Pentecoste *f* Pentecôte

peoci *mpl* moules

pepato(a) poivré

pepe *m* poivre

peperonata *f* ≈ ratatouille

peperoncino *m* piment

peperone *m* poivron; **peperone verde/rosso** poivron vert/rouge; **peperoni ripieni** poivrons farcis

per pour; par; afin de

pera *f* poire

percentuale *f* pourcentage

perché pourquoi; parce que; de manière à ce que

percorrenza *f* : **biglietto con percorrenza superiore/inferiore a 100 chilometri** billet pour un trajet de plus/moins de 100 kilomètres

percorribilità *f* : **percorribilità strade** informations sur la circulation routière

percorso *m* parcours; voyage; **percorso panoramico** route panoramique

pericolante danger d'éboulement

pericolo *m* danger

pericoloso(a) dangereux

periferia *f* banlieue

permanente *f* permanente

permanenza *f* : **buona permanenza!** bon séjour!

permesso *m* permission; permis; **permesso!** vous permettez!; **permesso di soggiorno** permis de séjour

pernice *f* perdrix

pernottamento *m* nuitée

perquisizione *f* : **sono previste perquisizioni personali** on va procéder à une fouille

personale *m* personnel; **personale di sicurezza** personnel de sécurité

p. es. par exemple

pesca *f* pêche *(activité)*; pêche *(fruit)*; **pesche al vino rosso** pêches au vin rouge et à la canelle

pescatore *m* pêcheur

pesce *m* poisson; **pesce persico** perche; **pesce spada** espadon

pescheria *f* poissonnerie

pescivendolo *m* poissonnier

pesto *m* : **pesto alla genovese** sauce au basilic frais, aux pignons et à l'ail

petto *m* poitrine; **petto di pollo** blanc de poulet

pezzo *m* pièce; morceau; **pezzo di ricambio** pièce de rechange

piacere¹ plaire; **le/ti/vi piace?** est-ce que cela vous/te/vous plaît?

piacere² *m* plaisir; **piacere di conoscerla** ravi de faire votre connaissance

piano¹ lentement; doucement

piano² *m* étage; **piani inferiori/ superiori** étages inférieurs/ supérieurs

pianobar *m* piano-bar

pianoterra *m* rez-de-chaussée

pianta *f* plan; plante

pianterreno *m* rez-de-chaussée

pianura *f* plaine

piastra *f* **: formaggio alla piastra** fromage grillé

piatti *mpl* **: piatti pronti/da farsi** plats tout préparés/à préparer

piatto *m* assiette; plat; **primo piatto** premier plat; ≈ entrée

piazza *f* place

piazzale *m* esplanade; aire de service

piazzola *f* **: piazzola (di sosta)** aire de stationnement

piccante piquant; épicé

picco *m* **: a picco sul mare** à pic sur la mer

piccolo(a) petit

piede *m* pied; **a piedi** à pied

pieno(a) plein

pietra *f* pierre

pillola *f* pilule

pineta *f* pinède

pino *m* pin

pinoli *mpl* pignons

Pinot *m* **: Pinot bianco** vin blanc sec du nord-est de l'Italie; **Pinot grigio** vin blanc sec et corsé de la même région que le Pinot bianco; **Pinot nero** vin rouge sec de la même région que les deux vins précédents

pioggia *f* pluie

piovere pleuvoir; **piove** il pleut

piscina *f* piscine; **piscina comunale** piscine municipale

piselli *mpl* petits pois

pista *f* piste; **pista da ballo** piste de danse; **pista per principianti** piste pour débutants; **pista da sci** piste de ski

più plus

pizza *f* **: pizza alla diavola** pizza épicée; **pizza margherita** pizza avec des tomates, de la mozzarelle et de l'origan; **pizza napoletana** pizza napolitaine; **pizza ai quattro formaggi** pizza aux quatre fromages

pizzaiola *f* **: alla pizzaiola** avec une sauce à la tomate, à l'ail et à l'origan

pizzico *m* pincée

placcato(a) : placcato (in) oro/argento plaqué or/argent

platea *f* orchestre

pneumatico *m* pneu

po' *voir* **poco(a)**

pochi(e) peu

poco(a) peu; pas beaucoup; **un po'** un peu

poi puis

polenta *f* sorte de purée faite à base de farine de maïs; **polenta e osei** polenta servie avec des petits oiseaux grillés

polizia *f* police; **polizia ferroviaria** police des trains; **polizia stradale** police de la route

pollame *m* volaille

pollo *m* poulet; **pollo alla diavola** poulet préparé avec une sauce épicée; **pollo allo spiedo** poulet à la broche

polpette *fpl* boulettes de viande

polpettone *m* rouleau de viande hachée

polpo *m* poulpe

poltrona *f* fauteuil

pomeriggio *m* après-midi

pomodoro *m* tomate

pompa *f* pompe

pompelmo *m* pamplemousse

pompieri *mpl* pompiers

ponce *m* punch

ponte *m* pont; **ponte a pedaggio** pont à péage

pontile *m* ponton

porchetta *f* cochon de lait rôti

porro *m* poireau

porta *f* porte; but; **porta antipanico/ di sicurezza** issue de secours

portare porter; apporter

portata *f* plat

portatore *m* : **pagabile al portatore** payable au porteur

porticciolo *m* port de plaisance

portico *m* portique; porche

portiere(a) *m/f* ≈ concierge; portier

portineria *f* loge de concierge

porto *m* port; **porto di scalo** escale

porzione *f* portion; part

posologia *f* posologie

posta *f* poste; courrier; **per posta aerea** par avion; **posta raccomandata** recommandé; **fermo posta** poste restante

Poste *fpl* la Poste

posteggio *m* parking; parc de stationnement; **posteggio per tassì** station de taxis

posto *m* place; emploi; siège; **posto di blocco** barrage routier; poste frontière; **posto riservato ad invalidi di guerra e del lavoro** place réservée aux invalides de guerre et aux infirmes civils; **posto di soccorso** poste de secours; **posto telefonico pubblico** cabine téléphonique; **posti in piedi** places debout; **posti a sedere** places assises; **posti prenotati** places réservées

potabile potable

pranzo *m* déjeuner

preavviso *m* préavis; **comunicazioni con preavviso** communications avec préavis

precotto(a) précuit

predeterminare : **predeterminare l'importo desiderato** sélectionnez le montant désiré

prefisso *m* : **prefisso (teleselettivo)** indicatif (téléphonique)

pregare prier; **si prega...** s'il vous plaît

prego il n'y a pas de quoi; je vous en prie

prelievo *m* prélèvement; retrait; **prelievo gettoni e monete respinti** jetons et pièces refusés

preludio *m* prélude; ouverture

pré-maman *m* robe de grossesse

premere appuyer; pousser

prendere prendre; attraper

prenotare réserver

prenotazione *f* réservation; **prenotazione obbligatoria** réservation obligatoire

presentare présenter

presentarsi se présenter

preservativo *m* préservatif

prestazioni *fpl* prestations; **prestazioni ambulatoriali** ≈ dispensaire

prestigiatore *m* prestidigitateur

prevendita *f* : **biglietti in prevendita** billets vendus à l'avance

previo(a) : **previa autorizzazione delle autorità competenti** uniquement sur autorisation (des autorités compétentes)

previsione *f* prévision; **previsioni del tempo** météo

previsto(a) : **all'ora prevista** à l'heure prévue; **come previsto** comme prévu

prezzemolo *m* persil

prezzo *m* prix; **prezzo fisso** prix fixe; **prezzo di catalogo** prix catalogue; **prezzo d'ingresso** prix d'entrée

prima¹ avant

prima² *f* première

primo(a) premier; **solo prima classe senza prenotazione** seuls les passagers de première classe n'ont pas besoin de réservation

principiante *m/f* débutant

privo(a) di dépourvu de

prodotto *m* produit

produzione *f* production; **gelati di produzione propria** glaces maison

profondità *f* profondeur

profumeria *f* parfumerie

programma *m* programme; horaire; **fuori programma** hors programme

proibire interdire; prohiber

proiezione *f* projection (cinématographique)

pronto(a) prêt; **pronto!** allô; **pronto intervento** service des urgences; **pronto soccorso** premiers secours

proprietà *f* : **proprietà privata** propriété privée

proprietario(a) *m/f* propriétaire

proprio vraiment; justement; même

proprio(a) propre

proroga *f* prorogation; délai

prosciutto *m* jambon; **prosciutto affumicato** jambon fumé; **prosciutto crudo/cotto** jambon cru/cuit; **prosciutto di Parma (con melone/fichi)** jambon de Parme (avec du melon/des figues)

Prosecco *m* vin blanc mousseux de la région de Trieste

proseguimento *m* : **volo con proseguimento per…** vol avec correspondance pour…

prossimamente prochainement

prossimo(a) prochain; **prossima apertura** ouverture prochaine

provenienza *f* provenance

provolone *m* fromage à pâte dure légèrement piquant

prugna *f* prune; **prugne secche** pruneaux

prurito *m* démangeaison

PTP *abrév. de* **Posto Telefonico Pubblico**

pulitura *f* : **pulitura a secco** nettoyage à sec

pulizia *f* nettoyage

pullman *m* autocar

pullmino *m* minibus

pummarola *f* : **spaghetti alla pummarola** spaghettis à la sauce tomate

punire punir

punteggio *m* score

punto *m* point; **punto d'incontro** point de rencontre; **punto vendita** point de vente

puntualmente ponctuellement

puntura *f* piqûre

purè *m* purée; **purè di patate** purée de pommes de terre

qua ici

quadro *m* tableau

quaglia *f* caille

qualche quelque

qualcosa quelque chose

qualcuno quelqu'un

quale quel; lequel

qualsiasi n'importe lequel

qualunque n'importe quel

quando quand

quanto(a) combien; **quanti(e)** combien

quartiere *m* quartier; **quartiere popolare** quartier populaire

quarto *m* quart; **un quarto d'ora**

un quart d'heure

quarto(a) quatrième

quasi presque

quattro quatre

quel(la) ce(tte)

quelli(e) ceux(celles)-là

quello(a) celui(celle)-là

questi(e) ceux(celles)-ci

questo(a) celui(celle)-ci

questura *f* ≈ préfecture de police

qui ici

quindi ensuite; donc

quota *f* cotisation; quote-part; hauteur; **quota d'iscrizione** frais d'inscription; cotisation; **quota di partecipazione** montant de la participation (cotisation)

quotazione *f* : **quotazione dei cambi** taux de change

quotidiano *m* quotidien

quotidiano(a) quotidien(ne)

rabarbaro *m* rhubarbe

racchetta *f* raquette; **racchetta da neve** raquette *(pour la neige)*; **racchetta da sci** bâton de ski

raccolta *f* : **raccolta vetro** collecte du verre usagé

raccordo *m* raccord; bretelle
(route); **raccordo anulare**
périphérique

raffreddore *m* rhume

ragazza *f* jeune fille; petite amie

ragazzo *m* garçon; petit ami

ragù *m* **: ragù (di carne)** sauce à la
viande

RAI *f* sigle de la télévision
nationale italienne

rallentare ralentir

rame *m* cuivre

rana *f* grenouille

rapa *f* navet

rapido *m* train rapide

rapido(a) rapide; prompt

rappresentazione *f* représentation

raso *m* satin

rata *f* versement; acompte

ravanello *m* radis

ravioli *mpl* raviolis; **ravioli panna e
prosciutto** raviolis à la crème et
au jambon

reale royal

recapito *m* adresse; livraison

recarsi : recarsi alla cassa payer à
la caisse

Recioto *m* vin rouge pétillant de
la région de Vérone

reclamo *m* réclamation

recupero *m* **: recupero monete**
pièces rendues

regalo *m* cadeau

regione *f* région

Regno Unito *m* Royaume-Uni

regolamento *m* règlement

regolare réglé; régulier

remo *m* rame

reparto *m* rayon *(dans un
magasin)*; unité

repellente *m* insecticide

respiratore *m* masque à oxygène

restare rester

restituire rendre

restituzione *f* restitution; remboursement; **dietro restituzione
dello scontrino** remboursement
sur présentation du ticket

resto *m* reste; monnaie

rete *f* filet; grillage

retro *m* derrière; **vedi retro** voir au
verso

ribes *m* groseille

ricambio *m* **: ricambi auto** pièces
de rechange pour autos; **ricambi
originali** pièces de rechange
d'origine

ricetta *f* recette; ordonnance

ricevere recevoir; accueillir; **si
riceve solo per appuntamento**
visites uniquement sur rendez-
vous

ricevimento *m* réception

ricevitore *m* écouteur

ricevuta *f* reçu; **ricevuta di ritorno**
accusé de réception; **ricevuta
fiscale** reçu fiscal

riconoscimento *m* **: documento di
riconoscimento** papiers d'identité

ricordo *m* souvenir

ricorrere a avoir recours à

ricotta *f* fromage à pâte molle
non salé

riduzione *f* réduction

rientro *m* retour; rentrée

rifare refaire; recommencer

rifiutare refuser; rejeter

rifiuti *mpl* ordures; détritus

rifornimento *m* : **posto di riforni-mento** poste d'essence

rifugio *m* refuge; abri

riguardo *m* soin; estime; **riguardo a...** en ce qui concerne...

rilascio *m* : **data di rilascio** date d'émission

rimanere rester

rimborso *m* remboursement; **rimborso spese mediche a seguito infortunio** remboursement des frais médicaux suite à un accident

rimessa *f* remise; garage

rimorchio *m* remorque; **a rimorchio** en remorque

rimozione *f* : **divieto di parcheggio con zona rimozione** stationnement interdit : enlèvement des véhicules; **rimozione forzata** enlèvement des véhicules en infraction

rincrescere : **mi rincresce che...** je regrette que...

rinfreschi *mpl* rafraîchissements

ringraziare remercier

rinnovare renouveler

rinunce *fpl* annulations

rinunciare renoncer

riparazione *f* réparation

ripido(a) abrupt; raide

ripieno *m* farce

ripieno(a) farci; fourré

risalita *f* : **impianto di risalita** remonte-pente

risarcimento *m* indemnisation

riscaldamento *m* chauffage

rischio *m* risque; **il bagaglio viaggia a rischio e pericolo del partecipante** les voyageurs sont responsables de leurs bagages

risciacquare rincer

riscuotere encaisser; percevoir

riserva *f* réserve; réservation; **riserva di caccia** réserve de chasse; **riserva naturale** réserve naturelle

riservare réserver

riservato(a) réservé

risi e bisi *mpl* riz et pois cuits dans du bouillon de poulet

riso *m* rire; riz; **riso in bianco** riz blanc; **riso alla greca** riz à la grecque (avec des olives)

risotto *m* risotto (riz cuisiné dans du bouillon); **risotto ai funghi/alla marinara** risotto aux champignons/ à la marinière; **risotto alla milanese** risotto au safran et au parmesan; **risotto nero alla fiorentina** risotto à la seiche, à l'ail et au vin blanc

rispondere répondre

ristorante *m* restaurant

ristorazione *f* : **servizi di risto-razione** service de restauration

ristoro *m* : **servizio ristoro** ≈ buffet

ritardo *m* retard; **essere in ritardo** être en retard

ritirare retirer

ritirata *f* toilettes

ritiro *m* retraite; retrait; **ritiro bagagli** retrait des bagages

ritorno *m* retour

riva *f* rive

rivedere revoir; vérifier

rivendita f revente; magasin de détail

riviera f : **la Riviera ligure** la Riviera italienne

rivista f magazine; revue

roba f objets; effets

roccia f roche

rognone m rognon

rompere casser

rosso(a) rouge

rosticceria f rôtisserie

rotonda f rotonde

rotondo(a) rond

roulotte f caravane

rovina f ruine

ruota f roue; **ruota di scorta** roue de secours

ruscello m ruisseau

sabato m samedi

sabbioso(a) sablonneux

sacchetto m sachet

sacco m sac; **sacco a pelo** sac de couchage

sala f salle; auditorium; **sala d'aspetto/d'attesa** salle d'attente; **sala da gioco** salle de jeu; **sala giochi** salle de jeux; **sala di lettura** salle de lecture; **sala TV** salle de télévision

salato(a) salé

saldare solder; souder

saldi mpl soldes

saldo m solde

sale m sel; **sale fino** sel fin; **sale grosso** gros sel; **sali e tabacchi** tabac

salire monter

salita f montée; **in salita** en pente

salmì m ≈ gibier en civet

salmone m saumon; **salmone affumicato** saumon fumé

salone m salon; **salone di bellezza** salon de beauté; **salone di ritrovo** salon

salotto m salle de séjour; salon

salsa f sauce; **salsa di pomodoro** sauce tomate; **salsa rubra** ketchup; **salsa tartara** sauce tartare; **salsa verde** sauce verte

salsiccia f saucisse

saltato(a) sauté

saltimbocca m : **saltimbocca (alla romana)** escalopes de veau préparées avec du jambon et de la sauge

salumeria f charcuterie fine

salumi mpl charcuterie

salute f santé

saluto m salutations

salvagente pedonale m refuge *(pour piétons)*

salvia f sauge

salvo excepté; sauf; **salvo imprevisti** sauf imprévu

Sangiovese *m* vin rouge de table de l'Émilie-Romagne

sangue *m* sang; **al sangue** saignant

sanguinaccio *m* boudin noir

sanzioni *fpl* sanctions

sapone *m* savon; **sapone da barba** mousse à raser

sapore *m* saveur; parfum

saporito(a) savoureux

sarago *m* sar *(poisson)*

sarde *fpl* sardines

Sardegna *f* Sardaigne

sardella *f* sardine

sartoria *f* atelier de tailleur; atelier de confection

sasso *m* pierre

sbaglio *m* erreur

sbarco *m* **: al momento dello sbarco** au débarquement

sbrigare : sbrigare le formalità effectuer les formalités

scadenza *f* échéance

scadere expirer; arriver à échéance

scaduto(a) expiré

scala *f* escalier; échelle; **scala mobile** escalier mécanique

scaldabagno *m* chauffe-eau

scaldare chauffer

scalinata *f* escalier

scalino *m* petite marche

scalo *m* escale

scaloppa *f* **: scaloppa milanese** escalope à la milanaise

scaloppina *f* escalope de veau; **scaloppine al limone/al Marsala** escalopes de veau au citron/au Marsala

scampi *mpl* **: scampi ai ferri** langoustines grillées; **code di scampi dorati e fritti** queues de langoustines frites et dorées

scampoli *mpl* chutes *(coupons de tissu)*

scapolo *m* célibataire *(homme)*

scarico(a) déchargé

scarpa *f* chaussure

scarpone da sci *m* chaussure de ski

scatolame *m* nourriture en boîte; boîtes de conserves

scatto *m* unité *(de téléphone)*

scelta *f* choix

scendere descendre

scheda *f* carte; **vendita schede telefoniche** Télécartes en vente ici

schermo *m* écran

schiacciare écraser

schiena *f* dos

schienale *m* dossier; **mantenere lo schienale in posizione eretta** maintenez votre dossier redressé

schiuma *f* mousse

sci *m* ski; **sci accompagnato** ski avec moniteurs; **sci di fondo** ski de fond; **sci nautico/d'acqua** ski nautique

scialuppa di salvataggio *f* canot de sauvetage

sciare skier

sciatore(trice) *m/f* skieur(euse)

sciopero *m* grève

sciovia *f* remonte-pente

sciroppato(a) : prugne/ciliegie sciroppate prunes/cerises au sirop

sciroppo *m* sirop; **sciroppo per la tosse** sirop pour la toux

scogliera f récif; falaise

scolapiatti m égouttoir à vaisselle

scompartimento m compartiment

scongelare décongeler

scontabile : tariffa non scontabile pas de réduction possible sur ce tarif

sconto m remise; **non si fanno sconti** nous ne faisons pas de remises

scontrino m ticket; reçu; **esigete lo scontrino** exigez votre reçu; **scontrino alla cassa** prenez le ticket à la caisse; **scontrino fiscale** reçu à conserver pour le fisc

scorciatoia f raccourci

scorcio m vue; **scorcio panoramico** vue panoramique

scottatura f brûlure; coup de soleil

Scozia f Écosse

scozzese écossais

scrivere écrire

scuola f école

scusarsi s'excuser

sdrucciolevole glissant

se si

sé soi-même

secco(a) sec

secolo m siècle

secondo(a) second; selon; **di seconda mano** d'occasion

sedano m céleri

sede f siège

sedersi s'asseoir

sedia f chaise; **sedia a sdraio** chaise longue

seggiolone m chaise d'enfant

seggiovia f télésiège

segnale m signal; panneau de signalisation; **segnale di linea libera** tonalité

segnaletica f signalisation routière; **segnaletica orizzontale in rifacimento** signalisation horizontale en réfection

segreteria f secrétariat; **segreteria telefonica** permanence téléphonique

seguente suivant

seguire suivre; poursuivre

sei six

selvaggina f gibier

selz m eau gazeuse

semaforo m feu (de signalisation)

semifreddo m ≈ parfait (crème glacée)

semola f : **semola di grano duro** semoule de blé dur

semolino m : **semolino al latte** semoule au lait

semplice simple

sempre toujours

senape f moutarde

senso m sens; **strada a senso unico** rue à sens unique; **senso vietato** sens interdit

sentiero m sentier

senza sans

seppia f seiche; **seppie in umido** seiches en sauce

seppioline fpl petites seiches

sera f soir

serata f : **serata di gala** soirée de gala

serra f serre

servizio *m* service; **servizi** installations; toilettes; **in servizio** en service; de garde; **fuori servizio** hors service; **servizio interurbano/internazionale con prenotazione** service d'appels interurbains/internationaux avec préavis; **servizio al tavolo** service à la table; **servizi igienici** installations sanitaires; **camera con servizi privati** chambre avec salle de bains

seta *f* soie

sette sept

settembre *m* septembre

settentrionale septentrional

settimana *f* semaine; **settimana bianca** semaine de vacances au ski

sfogliatelle *fpl* gâteau fourré à la crème et aux fruits

sfuso(a) au détail; au tonneau *(vin)*

sganciarsi : sganciarsi adesso lâchez la perche

sgombro *m* maquereau

sì oui

Sicilia *f* Sicile

sicurezza *f* sécurité; sûreté

sidro *m* cidre

sigaretta *f* cigarette

sigaro *m* cigare

Signor *m* Monsieur

signora *f* dame; **Signora** Mme

signore *m* monsieur

signorina *f* jeune fille; Mademoiselle

silenzio *m* silence

simpatico(a) sympathique; agréable

singola *f* chambre individuelle

singolo(a) seul

sinistra *f* gauche

SIP *f* Compagnie Italienne du Téléphone

sistemazione *f* : **sistemazione alberghiera** hébergement en hôtel

sito *m* site

skai ® *m* Skaï ®

slacciare défaire; délacer

slavina *f* avalanche

slitta *f* luge

smoking *m* smoking

Soave *m* vin blanc sec de la région de Vérone

sobborgo *m* faubourg

soccorso *m* secours; **soccorso pubblico di emergenza** ≈ police secours

socio *m* associé; membre

sodo dur

soffice doux

sofficini *mpl* petite friture

soffitto *m* plafond

soggiorno *m* séjour; salle de séjour; **soggiorno balneare** séjour à la mer

sogliola *f* sole; **sogliola ai ferri** sole grillée; **sogliola alla mugnaia** sole meunière

solamente seulement

solare solaire; **crema/olio solare** crème/huile solaire

sole *m* soleil

sollevare soulever; soulager

sollievo *m* soulagement

solo seulement

solubile soluble; **caffè solubile** café soluble

sonnifero *m* somnifère
soppressata *f* cervelas
soppresso(a) : corsa soppressa nei giorni festivi pas de service les jours fériés
sopra dessus; sur
soprattassa *f* surtaxe
sorella *f* sœur
sorgente *f* source
sorvegliante *m/f* surveillant(e)
sospensione *f* **: sospensione voli** vols suspendus
sospeso(a) : corsa sospesa service suspendu
sosta *f* arrêt; **divieto di sosta/sosta vietata** stationnement interdit
sostanzioso(a) nourrissant
sostare : vietato sostare nei passaggi di intercomunicazione prière de ne pas gêner l'accès
sostitutivo(a) : servizio sostitutivo con autocorsa service de car de remplacement
sottaceti *mpl* pickles
sotterraneo(a) souterrain
sottile fin; mince; léger; subtil; délicat
sotto sous; dessous; au-dessous; en dessous
sottopassaggio *m* passage souterrain
sottotitolo *m* sous-titre
spaccio *m* magasin
spaghetti *mpl* **: spaghetti all'amatriciana** spaghettis à la sauce tomate et à l'ail; **spaghetti alla bolognese** spaghettis à la sauce tomate et à la viande; **spaghetti alla carbonara** spaghettis au jambon et aux œufs; **spaghetti alla ciociara** spaghettis aux olives, aux poivrons et aux tomates; **spaghetti al pomodoro** spaghettis à la sauce tomate; **spaghetti alle vongole** spaghettis aux palourdes
spalmare étaler; enduire
spartitraffico *m* terre-plein central
spazzaneve *m* chasse-neige
specificare préciser
spedalità *f* hospitalisation
spedire envoyer; expédier
spegnere éteindre; arrêter
spesa *f* achat; provisions; courses
spese *fpl* dépenses; frais
spesso souvent
spettacolo *m* spectacle; représentation
spezie *fpl* épices
spezzatino *m* ragoût; **carni bianche in spezzatino** viandes blanches en ragoût
spia *f* espion; voyant; **con la spia spenta non selezionate** ne pas utiliser si le voyant est éteint
spiacente désolé
spiacere = dispiacere
spiaggia *f* plage; **spiaggia libera** plage publique
spiccioli *mpl* petite monnaie
spiedino *m* brochette; **spiedini di calamari** brochettes de calmars
spiedo *m* broche
spiegazione *f* explication
spina *f* arête; prise *(de courant)*; **togliere la spina** retirer la prise
spinaci *mpl* épinards

spingere pousser; **spingere i carrelli all'uscita** laissez les chariots à la sortie

spogliarello *m* strip-tease

spogliatoio *m* vestiaire

sporgersi : è pericoloso sporgersi il est dangereux de se pencher au-dehors

sportello *m* guichet; volet; portière; **servizio sportelli automatici** guichet de consigne automatique

sposato(a) marié

spremuta *f* : **spremuta d'arancia/di limone/di pompelmo** jus d'orange pressée/de citron pressé/de pamplemousse pressé

spuma *f* mousse; boisson gazeuse; **spuma di tonno** mousse de thon

spumante mousseux

spuntino *m* casse-croûte

sputare cracher

S.r.l. société à responsabilité limitée (SARL)

stabilimento *m* usine; **stabilimento balneare** établissement balnéaire

stadio *m* stade

stagionato(a) mûr; vieilli *(vin)*; fait *(fromage)*

stagione *f* saison

stagno *m* étang

stagnola *f* papier aluminium

stalla *f* étable

stampatello *m* majuscule (d'imprimerie)

stampigliatura *f* : **non è valido senza la stampigliatura** non valable s'il n'est pas oblitéré

stanza *f* pièce; **stanza da bagno** salle de bains; **stanza doppia/a due letti** chambre double/à deux lits; **stanza da letto** chambre à coucher; **stanza matrimoniale** chambre double; **stanza degli ospiti** chambre d'amis; **stanza singola** chambre individuelle

stasera ce soir

Stati Uniti (d'America) *mpl* États-Unis (d'Amérique)

stazione *f* gare; **stazione autocorriere** gare routière; **stazione balneare** station balnéaire; **stazione marittima** gare maritime; **stazione di servizio** station-service; **stazione termale** station thermale

stecchino *m* cure-dents; **stecchini alla bolognese** abats de poulets préparés en brochette avec du fromage et du pain et servis avec une béchamel

sterlina *f* livre; sterling

stesso(a) même

stinco *m* tibia

stitichezza *f* constipation

stoccafisso *m* merluche

storico(a) historique

storione *m* esturgeon

stoviglie *fpl* vaisselle

stracchino *m* fromage doux et crémeux

stracciatella *f* soupe claire à laquelle on ajoute des œufs et du fromage; glace au chocolat

stracotto *m* bœuf braisé

strada *f* route; rue; **strada panoramica** route panoramique;

strada principale route principale; **strada sbarrata** route barrée; **strada secondaria** route secondaire; **strada statale** ≈ route nationale; **strada a doppia carreggiata** route à deux voies; **strada con diritto di precedenza** route prioritaire; **strada senza uscita** impasse

straniero(a) étranger

strappare arracher; déchirer

stretto *m* détroit

stretto(a) serré

stufato *m* ≈ daube

stufato(a) cuit à l'étouffée

stuoia *f* natte; store

stuzzichino *m* amuse-gueule

su sur

sua sa; (la) sienne

subacqueo(a) sous-marin

subito tout de suite

succo *m* jus; **succo di frutta** jus de fruits

succursale *f* succursale

sud *m* sud

sue ses; (les) siennes

sugo *m* sauce; jus *(de viande)*

suino(a) : carni suine viande de porc

suo(i) son (ses); le(s) sien(s)

suonare jouer; sonner

superare surmonter; passer; dépasser

supermercato *m* supermarché

supplemento *m* **: supplemento singola** supplément pour une chambre individuelle

supposta *f* suppositoire

surgelato(a) : prodotti surgelati produits surgelés

susina *f* prune

sveglia *f* réveil

sviluppo *m* **: sviluppo rapido** développement rapide; **sviluppo e stampa** développement et tirage

svincolo *m* bretelle; échangeur

Svizzera *f* Suisse

svizzero(a) : (bistecca alla) svizzera ≈ hamburger

svolta *f* tournant

T : T sali e tabacchi tabac

tabaccaio(a) *m/f* buraliste

tabaccheria *f* (bureau de) tabac

tabacco *m* tabac

tacchino *m* dinde

tacco *m* talon

taccole *fpl* haricots mange-tout

taglia *f* taille; **taglie forti** grandes tailles

tagliatelle *fpl* tagliatelles (pâtes en forme de rubans)

taglierini *mpl* vermicelles

taglio *m* coupe

tale tel

taleggio *m* fromage doux

tanti(e) tant

tanto(a) tant

tappa *f* arrêt; étape

tardi tard

tariffa *f* tarif; taux; **tariffa doganale** tarif douanier; **tariffa festiva** tarif spécial vacances; **tariffa normale/ ridotta** tarif normal/réduit; **tariffa notturna** tarif de nuit; **tariffa ordinaria/a ore di punta** tarif ordinaire/heure de pointe

tartufo *m* truffe; truffe en chocolat

tassa *f* taxe; **tassa d'ingresso** prix d'entrée; **tassa di soggiorno** taxe de séjour; **tasse e percentuali di servizio** taxes et services

tassì *m* taxi

tasso *m* taux; **tasso di cambio** taux de change

tavola *f* table; planche; tableau; **tavola calda** snack-bar; **tavola a vela** planche à voile

tè *m* thé; **tè al limone/al latte** thé au citron/au lait; **tè freddo** thé glacé

teatro *m* théâtre

tedesco(a) allemand

tegame *m* poêle à frire; **patate in tegame** pommes de terre à la poêle

telefonata *f* appel téléphonique

telefono *m* téléphone

teleselezione *m* automatique *(téléphone)*

televisore *m* téléviseur

telo da bagno *m* serviette de bain

temperatura *f* : **temperatura ambiente** température ambiante

tempio *m* temple

tempo *m* temps

temporale *m* orage

tenda *f* rideau; tente; **tenda canadese** tente canadienne

tenere tenir; garder; **tenere rigorosamente la destra** gardez votre droite

tenero(a) tendre

tenore *m* : **tenore alcolico** teneur en alcool

tensione *f* voltage; tension

tenuta *f* propriété

terme *fpl* thermes

terrazza *f* terrasse

terzi *mpl* tiers

terzo(a) troisième

tesoro *m* trésor

tessera *f* carte de membre; laissez-passer; abonnement

testa *f* tête

testina *f* : **testina di abbacchio/ vitello** tête d'agneau/de veau

tettoia *f* abri

Tevere *m* Tibre

timballo *m* timbale (de fruits de mer, de viande)

timbro *m* cachet (de la poste); tampon

timo *m* thym

tinca *f* tanche

tintoria *f* teinturerie

tintura *f* teinture; **tintura di iodio** teinture d'iode

tiramisù *m* gâteau au café fourré à la crème et recouvert de chocolat

tirare tirer

tiro *m* : **tiro con l'arco** tir à l'arc

Tocai *m* vin blanc sec du Frioul

toccare toucher; sentir

togliere enlever; retirer

tomba *f* tombe

tonno *m* thon

torcicollo *m* torticolis

Torino *f* Turin

tornare retourner; revenir

torre *f* tour

torrefazione *f* torréfaction

torrone *m* nougat

torta *f* gâteau; tarte; tourte; **torta di gelato** gâteau glacé; **torta di riso** gâteau de riz; **torta salata** tarte salée

tortellini *mpl* tortellinis (pâtes fourrées à la viande ou au fromage); **tortellini in brodo** tortellinis cuits dans du bouillon

tortello *m* pâtes fourrées aux épinards et au fromage

tortellone *m* pâtes fourrées au fromage ou à la viande

Toscana *f* Toscane

tosse *f* toux

tosti *mpl* pain grillé

Totip *m* ≈ PMU

Totocalcio *m* ≈ loto sportif

tra entre; parmi; dans

tracciato *m* : **posteggio limitato entro i tracciati** stationnement limité aux zones indiquées

traduzione *f* traduction

traghetto *m* ferry

tramezzino *m* sandwich

tramonto *m* coucher de soleil

trampolino *m* tremplin

tranne sauf

tranquillante *m* tranquillisant

transito *m* : **transito voli nazionali/ internazionali** passagers en transit sur des vols intérieurs/ internationaux

trascorrere passer

trasferibile transférable

trasgressore *m* : **i trasgressori saranno assoggettati alla penalità di…** les contrevenants devront payer une amende de…

trasporto *m* transport; **trasporto consentito con biglietto preacquistato** accès réservé aux personnes munies de billets

trasversale *f* : **(strada) trasversale** route/rue transversale

tratto *m* : **tratto di linea interrotto per lavori** section de la ligne fermée en raison de travaux d'entretien

traversata *f* traversée; vol

tre trois

trenette *fpl* pâtes semblables aux tagliatelles

treno *m* train; **treno merci** train de marchandises; **treno navetta** navette; **treno periodico** train ne circulant qu'à certaines périodes; **treni in partenza** départ des trains

tribunale *m* tribunal

triglia *f* mulet (poisson)

trippa *f* tripe

tritare hacher

troppi(e) trop

troppo trop

troppo(a) trop

trota *f* truite; **trota ai ferri** truite grillée; **trota alla valdostana** truite

pochée avec une sauce au beurre

trovare trouver

tu tu; toi

tubo *m* tube

tuffo *m* plongeon

turno *m* tour; **di turno** de garde; **chiuso per turno (di riposo) il lunedì** fermé le lundi

tutti(e) tous; tout le monde; **tutte le direzioni** toutes directions

tutto tout

tutto(a) tout(e)

ubicazione *f* emplacement

ufficio *m* bureau; service religieux; **ufficio informazioni** bureau d'informations; **ufficio oggetti smarriti** bureau des objets trouvés; **ufficio postale** bureau de poste; **ufficio turistico** syndicat d'initiative

uguale pareil; semblable

ultimo(a) dernier

umidi *mpl* ragoûts

umido(a) humide; **carne/pesce in umido** ragoût de viande/de poisson

un un

unguento *m* onguent

unità sanitaria locale *f* ≈ dispensaire municipal

uno(a) un(e); **l'un l'altro** l'un l'autre

uomo (*pl.* **uomini)** *m* homme

uovo *m* œuf; **uovo al burro** œuf frit dans du beurre; **uovo in camicia/ alla coque** œuf poché/à la coque; **uovo fritto/ripieno/sodo** œuf frit/ farci/dur; **uova in frittata** omelette; **uova strapazzate** œufs brouillés

uragano *m* ouragan

uscire sortir; **vietato uscire dalla pista** il est interdit de sortir de la piste

uscita *f* sortie; **uscita operai** sortie d'usine; **uscita di sicurezza** sortie de secours; **uscita a vela** sortie en mer en bateau à voile

USL *abrév. de* **Unità Sanitaria Locale**

uso *m* utilisation

utile utile

uva *f* raisin; **uva passa** raisin sec; **uva spina** groseille à maquereau

va : Lei va vous allez; **lui va** il va

vacanza f vacances

vaglia m mandat postal; mandat

vagone m wagon; **vagone letto** wagon-lit; **vagone ristorante** wagon-restaurant

valanga f avalanche

valico m col; **valico di confine** passage frontalier

validare valider

valido : valido fino a... valable jusqu'à...

valigia f valise

valle f vallée

Valpolicella m vin rouge léger de la région de Vérone

valuta f devise

valvola f valve

vaniglia f vanille

vano m chambre; pièce

vantaggioso(a) : a condizioni vantaggiose à des conditions avantageuses

vasca da bagno f baignoire

vassoio m plateau

vecchio(a) vieux

vedere voir

veduta f vue

veicolo m véhicule

vela f voile

veleno m poison

velluto m velours

veloce rapide

velocità f vitesse

vendere vendre; **vendesi** à vendre; **qui si vende...** point de vente pour...

vendita f vente; **vendita al minuto**

vente au détail; **vendita promozionale** vente promotionnelle; **vendita a rate** vente à crédit

venerdì m vendredi; **venerdì santo** Vendredi saint

Venezia f Venise

venire venir

vento m vent

ventola f ventilateur

verde vert

Verdicchio m vin blanc sec de la région des Marches

verdura f légumes verts

Verduzzo m vin blanc sec de la région du Frioul

vermicelli mpl : **vermicelli alle vongole veraci** vermicelles aux palourdes

vermut m vermouth

Vernaccia m vin blanc ou rouge de Sardaigne

vernice f peinture; **vernice fresca** peinture fraîche

vero(a) vrai; réel

versamento m versement; paiement

verso vers

vestibolo m vestibule

vettura f voiture (d'un train)

vi vous; y

via[1] f rue

via[2] via

viaggiare voyager

viaggiatore m voyageur

viaggio m voyage; **viaggi** voyages; **viaggio organizzato** voyage organisé

viale *m* avenue

vicino près; proche de

vicolo *m* ruelle; **vicolo cieco** impasse

vietato(a) interdit; **vietato calpestare l'erba** pelouse interdite; **vietato fumare** défense de fumer; **vietato scendere** descente interdite; **vietato sputare** il est interdit de cracher; **vietato l'ingresso** entrée interdite; **vietato l'ingresso alle persone sprovviste di biglietto** l'entrée est interdite aux personnes non munies de billets

vigile *m* agent de police; **vigili del fuoco** pompiers; **vigile urbano** agent de la circulation

vigilia *f* veille

vigna *f* vignoble

villaggio *m* : **villaggio vacanze** village de vacances

villeggiante *m/f* estivant

villeggiatura *f* : **in villeggiatura** en vacances

vincolo *m* : **senza alcun vincolo** sans aucune obligation

vino *m* vin; **vino bianco/rosso/rosato** ou **rosé** vin blanc/rouge/rosé; **vini da pasto** vins de table; **vini pregiati** vins de qualité; **vini da taglio** vins coupés

Vin Santo *m* vin de dessert ambré produit en Toscane

vipera *f* vipère

visione *f* vision; **cinema di prima visione** cinéma d'exclusivité

visita *f* visite; **visita guidata** visite guidée

viso *m* visage

vista *f* vue; **camera con vista mare** chambre avec vue sur la mer

visto *m* visa; **visto di ingresso/di transito** visa d'entrée/de transit

vita *f* vie; taille; **vita notturna** vie nocturne

vite *f* vis; vigne

vitello *m* veau; **vitello tonnato** veau au thon

vivande *fpl* aliments

vivere vivre

vivo(a) vivant; vif

volano *m* badminton

volo *m* vol; **volo di linea** vol régulier; **volo provenienza...** vol en provenance de...

volta *f* fois; **una volta** une fois

voltare tourner

vongola *f* palourde

vostri(e) vos; les vôtres

vostro(a) votre; le/la vôtre

vuoto(a) vide

zabaglione/zabaione *m* sabayon

zafferano *m* safran

zampone *m* pied de porc

zanzara *f* moustique

zenzero *m* gingembre

zia *f* tante

zio *m* oncle

zona *f* zone; **zona pedonale** zone piétonne; **zona residenziale** quartier résidentiel

zucca *f* citrouille; courge

zucchero *m* sucre

zucchini *mpl* courgettes; **zucchini in agrodolce** courgettes à la sauce aigre-douce; **zucchini in teglia** courgettes à la poêle

zuccotto *m* pâtisserie fourrée avec de la glace, de la crème et du chocolat

zuppa *f* soupe; **zuppa di cipolle** soupe à l'oignon; **zuppa di pesce** soupe de poisson; **zuppa inglese** ≈ diplomate

Achevé d'imprimer par l'Imprimerie
Maury-Eurolivres S.A. à Manchecourt
Février 1996 – N° d'éditeur : 18943
Dépôt légal : Avril 1995 – N° d'imprimeur : 51916
Imprimé en France – (Printed in France)